모든 날이 소중하다

한 뉴요커의 일기

대니 그레고리
서동수 옮김

;세미콜론

Everyday Matters: A New York Diary
by Danny Gregory

Copyright © 2003
by Princeton Architectural Press
All rights reserved.

First Published in the United States
by Princeton Architectural Press.
Korean Translation Copyright © 2005
by Science Books Co., Ltd.

Korean translation edition is published by
arrangement with
Princeton Architectural Press.

이 책의 한국어판 저작권은
Princeton Architectural Press 와
독점 계약한 (주)사이언스북스 에 있습니다.

저작권법에 의해
한국내에서 보호를 받는 저작물이므로
무단 전재와 무단 복제를 금합니다.

피엘과 쩍티에게
jack teA

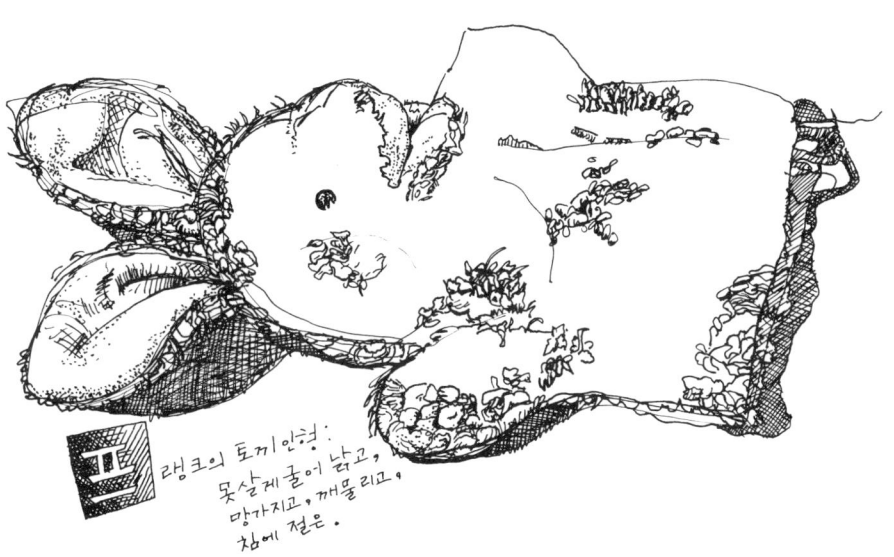

랭크의 토끼인형:
못살게굴어 낡고,
망가지고, 깨물리고,
침에 절은.

"실수를
두려워 말라.
그런것은 없다."
- 마일즈 데이비스

10月10日 おべんとう

아들과 길을 걷고 있을 때 그 애가 말했다. "아빠, 내 손 그리고 싶으면 그려도 돼"

물론 나는 그렇게 했다.

6번가의 한 벤치에

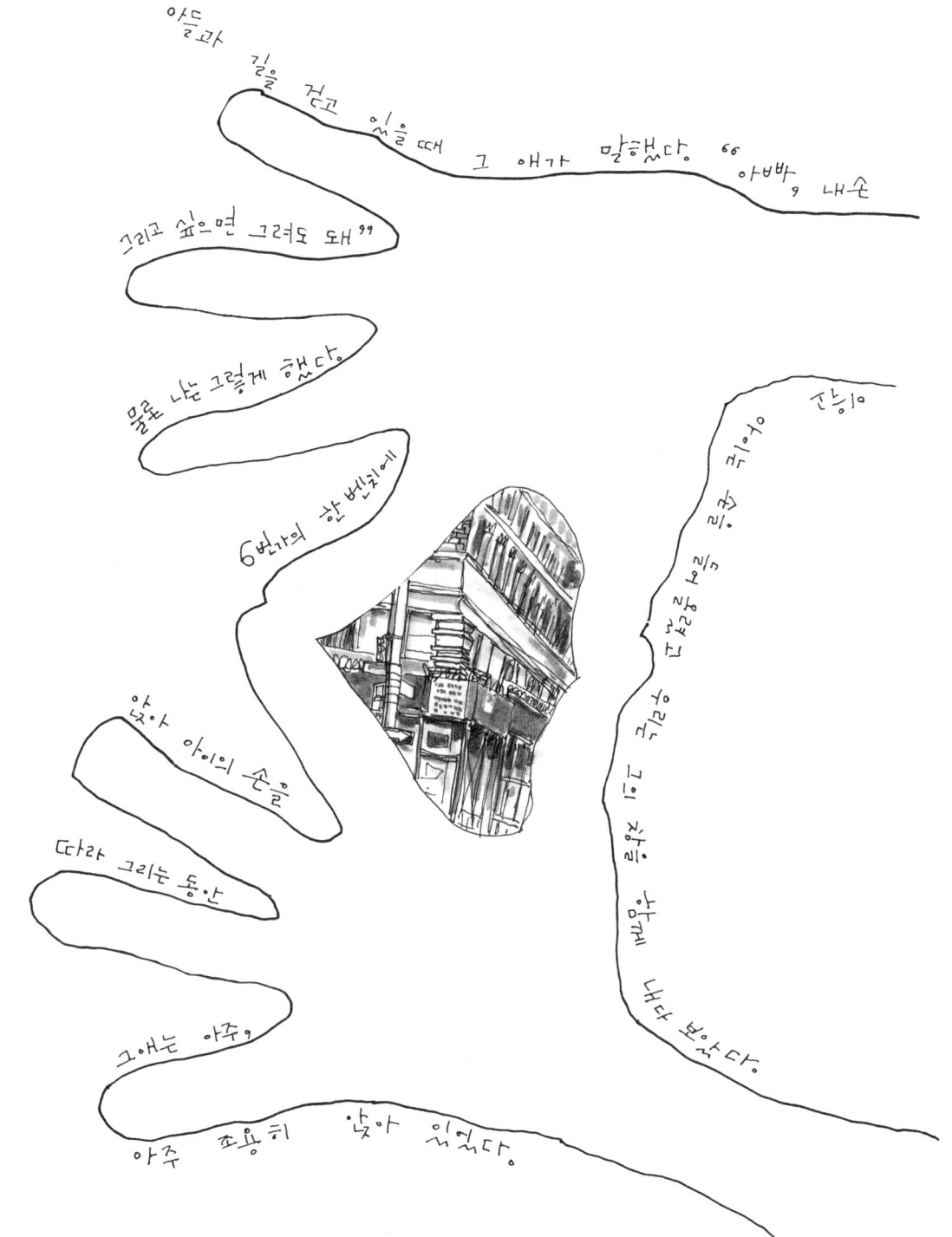

앉아 아이의 손을 따라 그리는 동안

그 애는 아주, 아주 조용히 앉아 있었다.

이 손을 우리집 근처의 골목과 함께 내다 보았다.

그림을 그리기 시작한 지는 얼마되지 않는다.

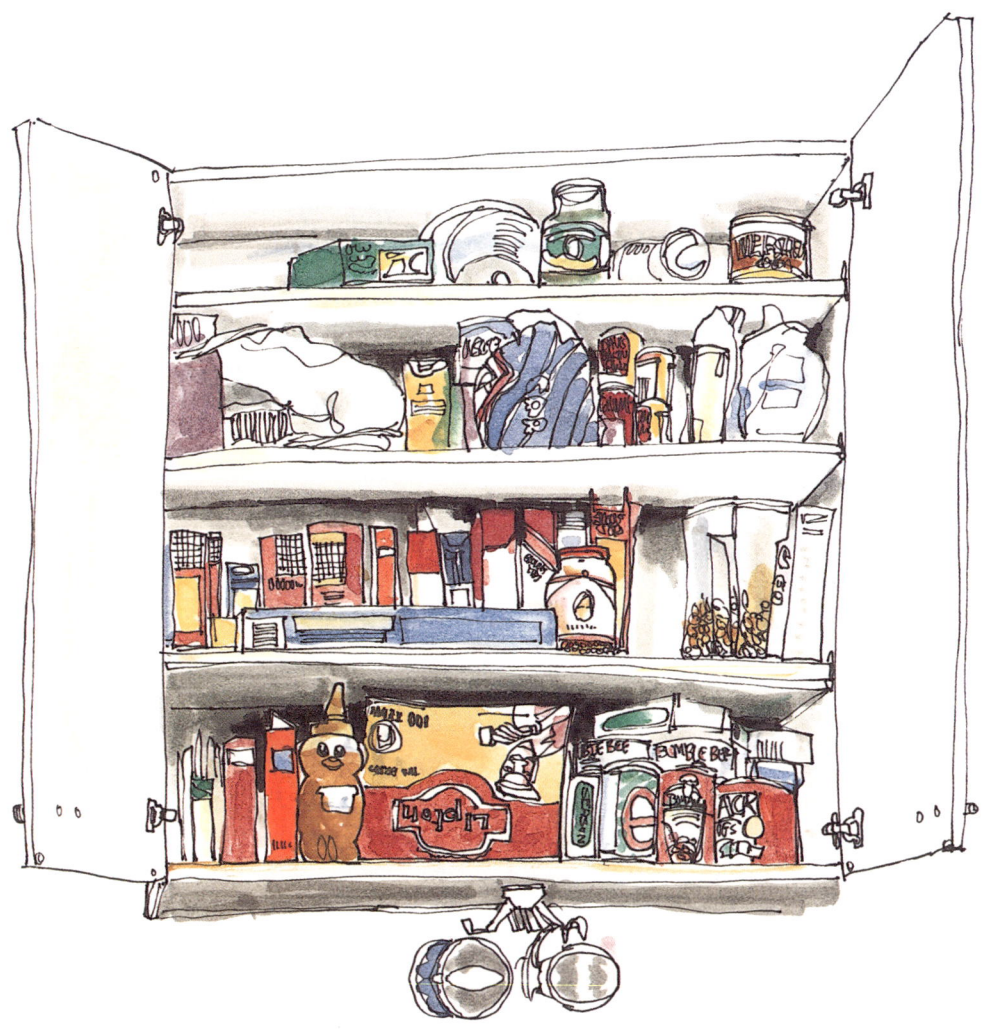

하지만 나는 그것이 내 삶과 나를 둘러싼 세계를 깊이 변화시키는 힘을 가지고 있음을 알게 되었다. 나의 발견을 여러분과 나누고 싶다. 이 이야기가 시작되기 전에 패티와 잭과 프랭크와 나는 그리니치 빌리지의 한 괜찮은 아파트에서 아마도 평범한 생활이라고 불러야 할 삶을 살고 있었다. 스타일리스트인 패티는 사진촬영을 위한 옷과 소품을 찾아 온 맨해튼을 분주히 돌아다녔다. 바쁜 광고쟁이 였던 나는 회의와 촬영으로 정신이 없었다. 태어난지 이제 겨우 10개월 된 잭은 열심히 걸음마를 배우고 있었다. 프랭크는 여덟 살 먹은 개인데 우리집에서 유일하게 느긋하게 여유를 즐길 줄 아는 존재였다. 만일 당신이 그때 우리를 만났더라면, 아마도 우리는 행복하지만 그것에 대해 이야기하기에는 지금 좀 바쁘다고 말했을 것이다.

    어느 덥고 바쁘던 아침, 패티는 잭을 베이비시터에게 맡겨두고 집 근처 지하철역으로 향했다. 사진 촬영에 쓸 케이크를 구하러 업타운의 유명 제과점에 가는 길이었다. 전철을 기다리는 도중, 그녀는 플랫폼에서 떨어졌고 하필이면 그때 역으로 들어오던 9번 열차가 그녀를 쳤다. 운전사가 브레이크를 힘껏 밟았지만 너무 늦었다. 열차 세칸이 패티의 몸 위로 지나가면서 척추뼈를 부서뜨렸고 그녀는 허리 아래가 마비되어 버렸다.

    우리가 아는 모든 사람들이 충격을 받았다. 패티는 쾌활하고 귀엽고 멋진 여자였으며, 이제 막 엄마가 된 참이었다. 우리같은 사람들에게 이런 일이 생긴다는 건 말도 안되는 일이었다.

병원에서 패티는 내게 물었다.
"**왜지?**" 왜 이런일이 우리에게
일어나야 하는걸까? 나는 말했다.
"그런건 상관없어." 이것이 신의
교훈이든, 전생의 업보이든 글쎄,
나는 관심 없었다. 어차피 내
마음이 받아들일수 있는 설명
이란 아무것도 없었다. 나는 혼란
스러웠고 미칠듯 화가났다.
알고 싶은 것은 "이제 어떻게 하나"
뿐이었다. 어떻게 다시 살아가며
어떻게 다시 행복해질수 있을까?
여기서 어떻게
빠져 나가지?!!

웨스트 18가 18번지

피터와 나는 이곳에서 처음
만나 그로부터 (날짜까지 정확히)
5년 후 이곳에서 결혼했다.

12년 결혼 기념일이면,
우리는 여기와서
→ 한잔한다. 사고가 있던
그때 그해가 유일한 예외였다.

웨딩사진

얼음 우유 보드카

칼루아

패티가 병원에 있는동안,

재과 나는 가우보이 흔들의자에 오래도록 같이 앉아 있곤 했다. 아이는 내 가슴에 기대었고, 우리는 같이 음악을 듣거나 책을 읽었다. 아이가 잠이 들면 나는 의자를 흔들면서 앞으로의 미래에 대해 생각했다.

나는 더 이상 내 삶에 대해 어떤 생각도 할수 없었다. 주변에 장애인과 결혼한 사람은 아무도 없었다. 사실 장애인 이라고는 아무도 몰랐다. 평생 휠체어를 밀고 다니는 낯선 내모습을 생각해 보았다. 우리의 모든 계획과 꿈들도 산산이 부서졌고, 나는 그 무너진 자리에 깔려 있었다.

매일 나는 잭을 돌보며 직장일로, 병원일로, 새로운 책임과 방법들을 익히며 바쁘게 돌아다녔다. 하지만 밤이면 언제나 흔들의자에 앉아 낯설고 무서운 앞으로의 삶을 상상하며 그안에 놓인 나 자신을 불쌍해 했다.

요구르트 흘린 자국 →

← 의자 커버에 가우보이들이 그려져 있는데 도저히 다 못그려 넣겠다.

재활센터에서 두달을 보낸 후, 패티가 집으로 돌아왔다. 우리 집은 두층으로 나뉘어 있어서 나는 그녀를 안고 침실까지 계단을 오르내려야 했다. 우리는 살아가는 방법들을 새로 개발하기 시작했다. 가장 기본적인 것부터 다시 배워야 했다. 옷 입기, 저녁식사 준비하기, 놀기, 사랑을 나누는 방법까지도.

그 잿빛 나날들을 지내며 내 마음속에 있었던 것은 그 사고 만은 아니었다. 직장일이 많이 걱정되기 시작했다. 나는 왜 이 일을 하고 있는 걸까? 직장에서 쫓겨나면 어떻게 하지? 집 없이 길거리에 나앉아도 살 수 있을까?

불안은 눈덩이처럼 커져만 갔고, 문득 이번엔 나에게 큰 병이나 사고가 생길 차례는 아닌지 걱정되었다. 계속 도시에 살아야 하는 걸까? 잭이 사고라도 당하면 어떻게 하지? 애초에 산다는 것의 의미는 무엇일까? 9번 열차가 와서 모든 걸 앗아가 버릴 수도 있는데 사랑이란 것이 과연 무슨 소용일까? 이런 내 불안들이 패티에게 또 다른 부담만 되지는 않을까?

모든것이 질문이 되어 달려들었고, 나는 엉망이 되었다.

그래서 나는 제목이 그럴싸해 보이는 책이라면 닥치는대로 읽으며 답을 찾아 보려 했다.

직장 동료들은 나에게 조심스러이 신경 써주었다. 내가 사고에 대해서나 내 느낌을 말하려 들면 모두들 조용해졌다. 그들에게 뭐라 할수는 없는 일이며, 사실 그들이 염려해 주는 것이 고마웠다. 우리가 늘 나누던 잡담에 비하면 이건 너무나도 무거운 주제인 것이다. 친구들과 친척들도 우리를 도와주었다. 하지만 나는 줄타기를 하듯 조심스러웠다. 만일 내가 그들에게 내 삶은 의미없는 지옥이라고 말한다면 그들은 틀림없이 경악할 것이다. 그렇다고 전혀 아무렇지도 않은 듯 행동한다면 나를 목석 같은 사람으로 보거나 아니면 거짓말쟁이로 여길 것이었다.

내가 삶의 의미를 찾아 발버둥치고 있는 동안 패티는 자신의 삶을 되찾고 있었다.

그녀는 일하고, 새로운 친구들을 만나고, 잭과 시간을 보내며 나아가고 있었다. 그녀를 처음 만났을때 부터 사랑해온 모든 것에 새로운 용기와 결단력이 더해져, 내게 그녀는 다른 사람처럼 느껴졌다. 그녀는 내게 놀랍고 어쩌면 두려울 정도였는데, 그래서 나는 더욱 슬퍼졌다. 결국 사고는 그녀 자신의 것이었으며 나는 제3자일 수 밖에 없었으므로.

장애인 친구가 이런 이야기를 들려주었다.
한 부부가 휴가때 이탈리아로 여행을 가기로 했다. 몇달동안 그들은 맛있는 음식과 와인과 카프리의 따뜻한 바닷가와 활기에 넘치는 로마와 시실리안들의 정열에 대해 즐거운 상상을 했다. 그러나 비행기에서 내렸을 때, 그들은 엉뚱한 곳에 도착했음을 알게 되었다. 네덜란드에 내린 것이다. 잿빛의 밋밋한 풍경들. 사람들은 멋없고 음식도 그랬다. 모래사장은 커녕 높은 제방뿐이었다. 하나님 맙소사.

부부는 경악했다. 정말 형편없군. 우리가 꿈꾸던 휴가는 이런게 아니라구. 그들은 불평했지만 어떻게 해볼 방법이 없었다. 네덜란드에 꼼짝없이 묶인 것이다. 참 재수도 없지.

하지만 점차 신기한 일이 벌어졌다. 네덜란드가 좋아지기 시작한것이다. 모든 것이 느리고 부드러웠다. 사람들에게선 내면의 차분함이 느껴졌다. 그들은 렘브란트, 알크마르, 허츠팟요리, 오래된 커피숍들, 그리고 쾨켄호프의 튤립들 같은 새로운 세계를 발견했고, 결국 멋있는 휴가를 보내게 되었다. 그들이 기대했던 것과는 달랐지만, 이것도 훌륭했다.

"네덜란드가", 친구는 말했다. "패티와 네가 떨어진 곳이야. 장애인의 세계 말이야. 네가 원했던 건 아니겠지만, 그리고 네가 살아온 것처럼 빠르고 신나지는 않겠지만, 그 삶은 깊고 진한 것이야. 너는 그 삶을 사는 법을 배우게 될것이며 그것을 사랑하게 될거야."

나는 언제나 무언가를 만들어 왔다.
작은 책들, 조각들, 요리, 낙서.
그렇다고 나 자신을 예술가로 생각해 본
적은 없다. 아버지는 이것을 "그레고리 가문의 저주"라고
부르곤 했다. 무언가를 만들고 싶은 끝없는 충동말이다.
우리 할아버지는 손잡이를 돌리면 놋쇠로 된 배가
만들어져 나오는 기계를 발명한다고 여러해 동안
열심이셨다. 결국 성공하진 못했지만, 할아버지
집은 언제나 반쯤 만들어지다 만 작은 놋쇠 배들로
가득했다. 아버지는 매일 아침을 그날의 자화상을
그리는 것으로 시작한다. 그리고 누구도 관심을 가져주지
않는 컴퓨터 소프트웨어를 만들고 계신다. 삼촌은
도자기를 굽는 분이며, 아이들을 많이도 낳으셨다.
결국 사고가 있은 지 몇년후, 무언가를 열심히
만들고 있는 나 자신을 다시 발견하게 되었다. 나는
책 제본하는 법을 배웠으며 도자기 굽는 법도 배웠다.
그리고 많은 글들을 썼다.

그러던 어느 날 저녁 나는 그림을 그려 보기로
마음 먹었다. 나는 언제나 종이쪽지가 있으면 낙서를
하곤 했다. 괴상한 얼굴들, 꼬불 꼬불한 동그라미들,
체크무늬 같은 것들 말이다. 하지만 이제는 내 주변에
있는 실제의 것들을 관찰하면서 그려 보기로 했다.

나의 처음 시도들은 형편 없었다.
그러던 어느 조용한 저녁, 나는 휠체어
에서 내려와 소파에 앉아있는 패티를
그리게 되었다.

LESSON 1

그 그림에는 내가 이전에 그렸던 어느 그림과도 다른 무언가가 있었다. 시간은 느리게 흘렀고, 어느 순간 나는 다른 세계로 빠져드는 듯 했다. 마음이 비워지고 호흡은 느려졌으며, 마침내 종이를 내려다 보았을 때 나는 내가 이렇게 아름다운 무언가를 만들어 낼 수 있었다는데 놀랐다. 처음에는 우연인 줄 알았다. 하지만 다음으로 약 놓는 선반을 (천천히, 아주 천천히) 그려 보았을 때도 마찬가지였다. (이 그림은 다음 페이지에 있다.)

    차이는 그리는 방법에 있는 것이 아니라 바라보는 방법에 있었다. 나는 내가 그리는 대상을 눈으로 사랑스럽게 어루만지듯 했다. 내 시선은 모든 굽이와 도드라진 곳들에 정성스럽게 머물렀고 표면을 따라 그늘속으로 미끄러져 들어갔다. 이렇게 바라볼 때, 그것이 무엇이든 나는 아름다움을 볼 수 있었고 사랑스러움을 느꼈다. 신기하게도 이러한 경험은 언제고 되풀이 되었다. 서두르지 않고 마음이 가는대로 내버려 두면 아주 에로틱한 그 경험은 언제나 찾아오는 것이었다. 무엇을 그리는지는 상관없었다. 그리고 심지어 그림이 어떠하든 상관없다는 것도 이내 알게 되었다. 사실 그림이야 먹고 난 바나나 껍질처럼 어디로 던져버려도 상관없었다. 중요한 것은 그 느리고, 애정이 담긴 바라봄이다.

LESSON 2

LESSON 3

사람들은 왜 다른사람의 약장 들여다 보기를
좋아하는 걸까? 자, 여기 우리집 약장입니다.

사람들이 그림을 잘 그리지 못하는 이유는

실제로 보이는 것을 그리지 않고 생각하는 것을 그리기 때문이다. 코는 대체로 삼각형이다. 눈은 동그라미 안에 동그라미가 하나 더 있다. 귀는 주름이 있는 동그라미다…
사람은 머릿속에 사물에 대한 정리된 이미지를 담고 있어서, 우리는 그것을 그리게 마련이다.

사람이란 원래 그렇다. 이미지와 기호를 사용해 모든 것을 나누고 구분한다. 이것이 우리가 짐승들과 다른 점이다. 불행하게도 이 상징들은 우리들이 세계를 보는데 있어 하나의 장막이 된다. 우리는 이렇게 말한다. "저 사람은 부자야, 쟤는 멍청이야, 그 남자는 범죄형이지. 그녀는 금발머리야. 그들은 유명해. 저 여자는 휠체어를 탔네…"

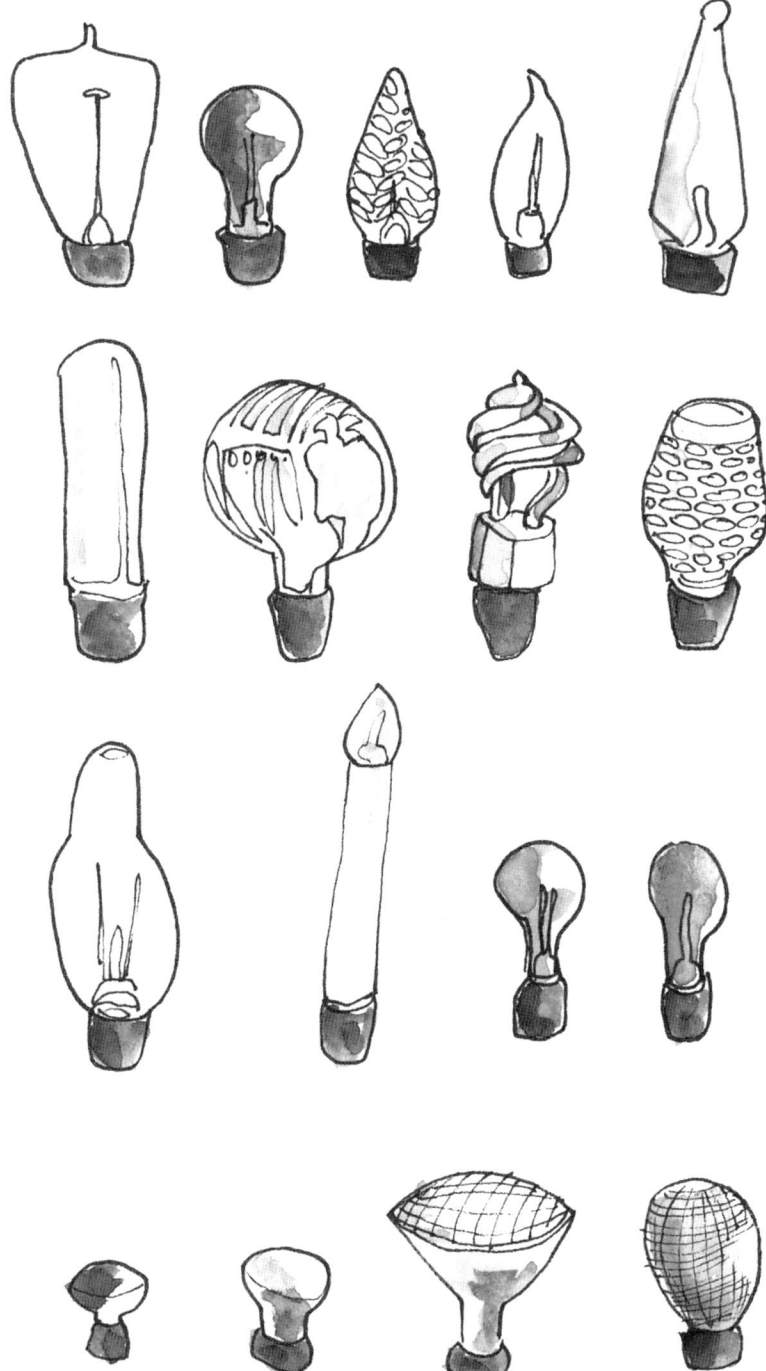

우리는 사람과 사물과 경험들을 유형에
끼워넣고 그에 따라 생각한다. 이건
효율적이기는 하지만 세상이 가진 느낌과
재미 들을 빼앗아 버린다. 마치
모든 식사를 맥도날드에서 하거나
매일 같은 옷을 입는 것과도 같다.
　　이런 사고방식은 그림을 그려보면 잘 나타난다.
사실 이것이 대부분의 사람들이 "아, 나는 그림을
못 그려."라고 말하게 되는 이유이다. 아이들은
절대로 이런 말을 하지 않는다. 열 두어 살이 되어
머리가 굳어지기 전까지는 말이다.
　　내가 그림을 그리면서 알게 된것은 모든 것은
특별한 존재이고, 서로 다 다르며, 흥미롭고 아름
답다는 것이다. 모든 것이. 그저 가만히 앉아 바라보는
것만으로도 나는 나를 그렇게도 두렵게 했던
고정관념의 함정을 쉽게 넘어설 수 있었다.
　　나는, 내가 보는 모든 것들이 내가 생각해 왔던
것과 그렇게도 다르다면, 내가 생각하던 우리가족의
비참한 삶도 어쩌면 그저 나만의 환상일
수 있다는 것을 알 수 있었다.
내가 나무에 대해 생각해 왔던 것들이
　　실제 나무와 달랐듯이, 나는
　　장애인 아내와의 삶이 어떤
　　것인지 정말은 알지 못하고 있는
　　것이다.
　　나는 기다려봐야 할것이다.

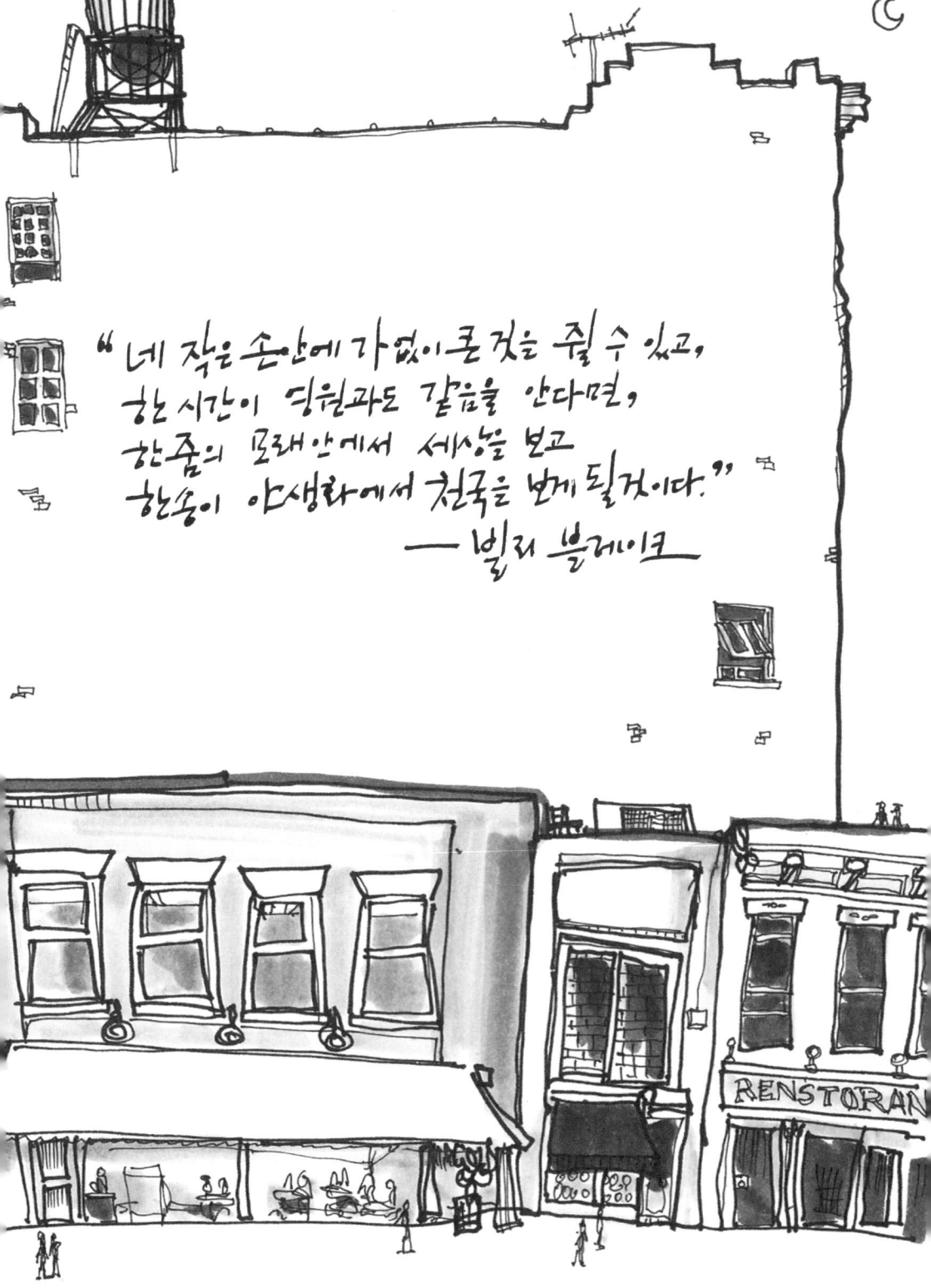

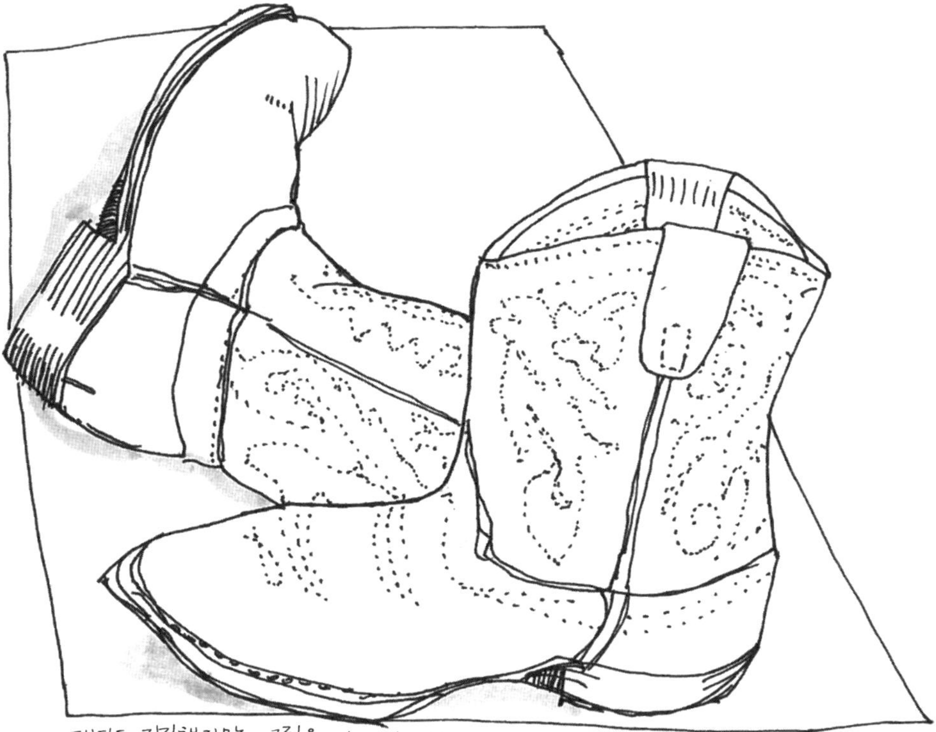

패티도 지적했지만, 그림을 보고 이 미니 카우보이 구두의 크기를 짐작하기란 어렵다.
재로 카우보이 놀이를 할때면 늘 이 구두를 신고, 가죽조끼를 입고, 빨간 카우보이 모자를
쓰고, 토이스토리의 우디 배낭을 멘다. 그리고는 프랭크 목에 맨 끈을 잡고 개를 쫓아
온 아파트 안을 뛰어 다닌다.

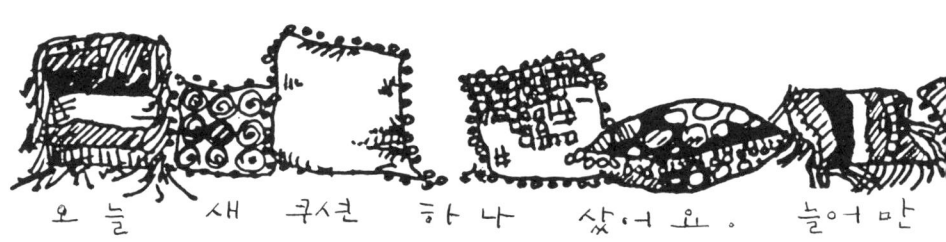

오늘 새 쿠션 하나 샀어요. 늘어만

잭이 자기 불자동차와 소방수 아저씨를 그려 달란다.

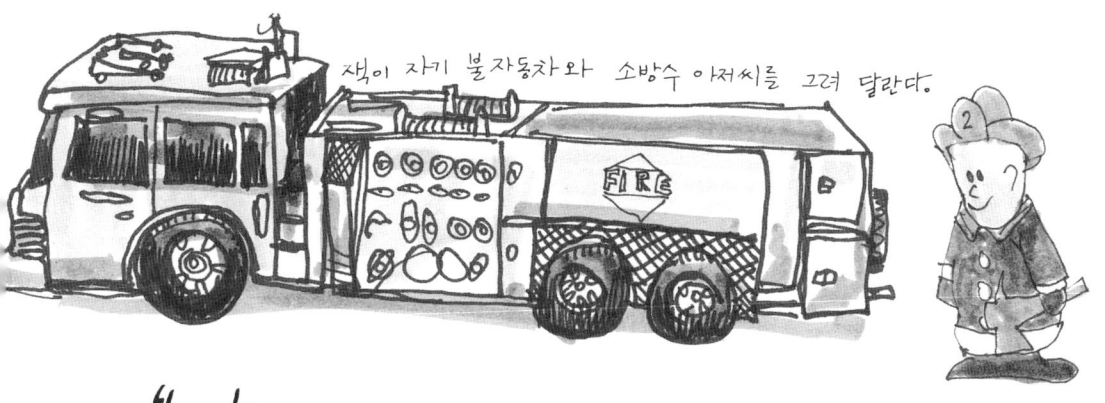

"이 놀라운 하루를 주신
당신께 감사드립니다.
뛰어오를 듯 기운찬
푸른 나무들과 꿈만 같이
파아란 하늘에 대하여,
그리고 자연스럽고
무한하고 옳기만 한
모든 것들에 대하여"
-e.e.커밍스

노랑 - 말벌.

(x2)

부엌 창턱에 이녀석이
떨어져 있었다.
기온이 뚝 떨어지더니
그만 이렇게.

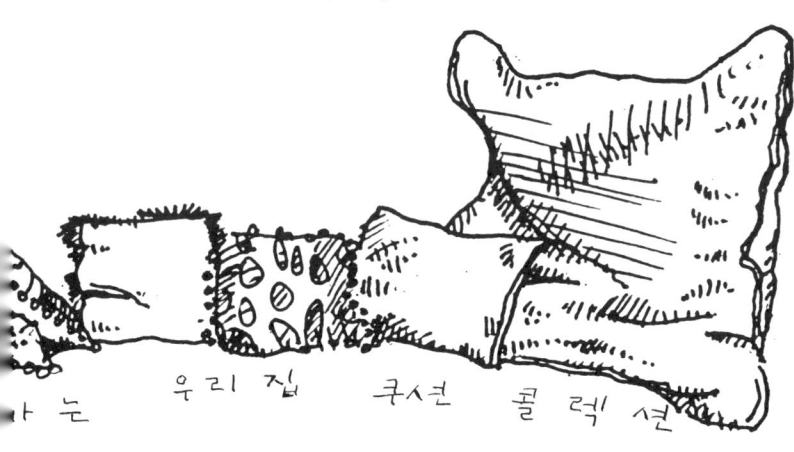

나는 우리 집 쿠션 콜렉션

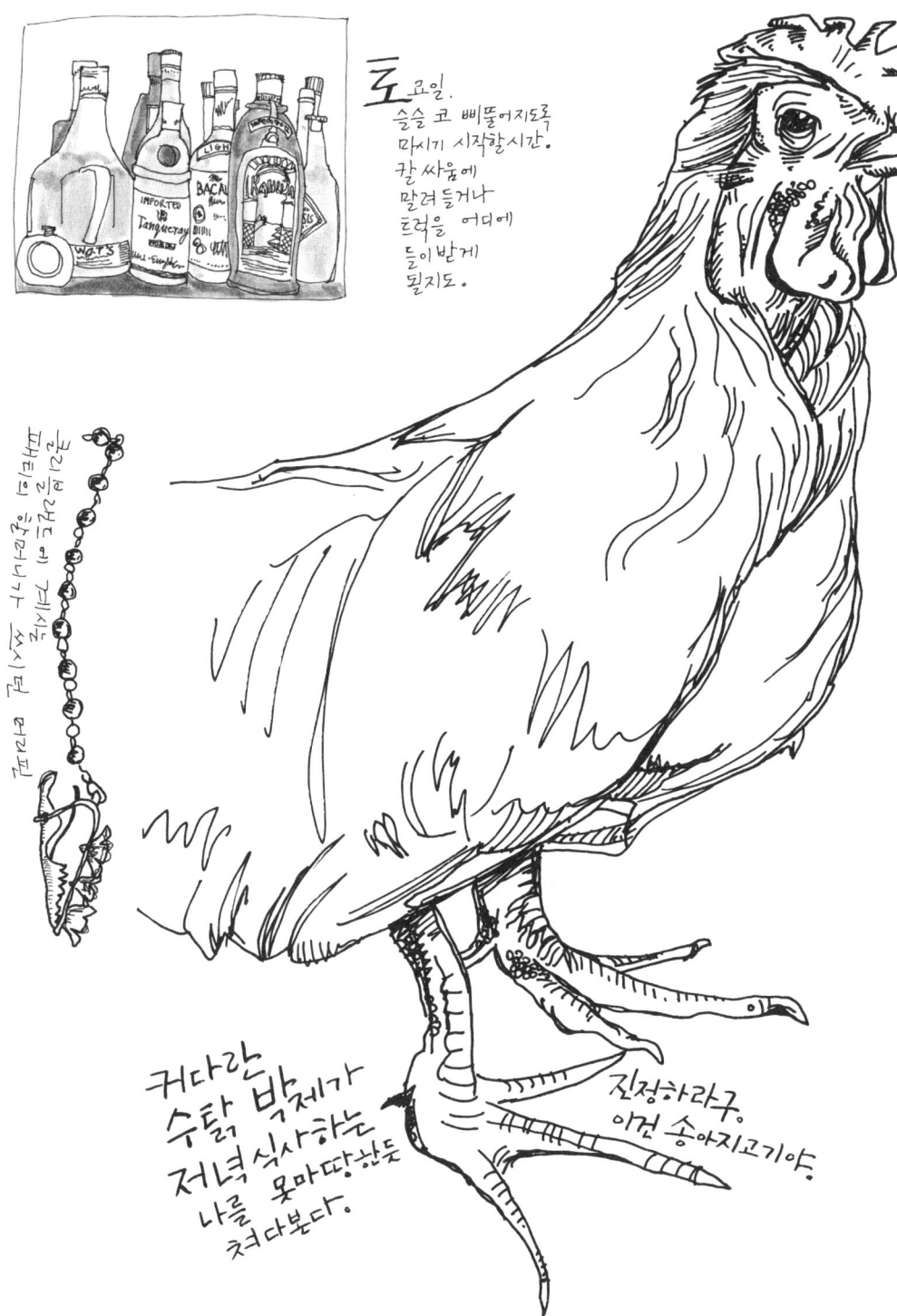

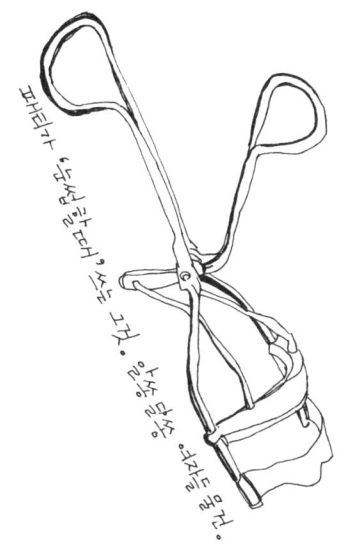

파테가 "두성합머"쓰고, 양손 모아 박수하는 모습.

내 그림은 감사하는 마음에서 시작되었다. 언제나 내 삶을 풍요롭게 채워 주는 것들을 깊이 알고, 기록하고, 간직하기 위해서.
우선 제일 가까이 있는 것들부터.
내 노트에 떨어지는 햇살.
냉장고에 붙여 놓은 잭이 새로 그린 그림들. 식탁아래 살며시 구르는 먼지덩이.
나는 이들의 축복을 느끼고 싶고, 또한 나 자신이 이들의 일부이자 원인이 되고싶다. 그림 자체보다는 이러한 유대감이, 내가 그림을 그리는 이유이다.

우   리   가   족 . . .

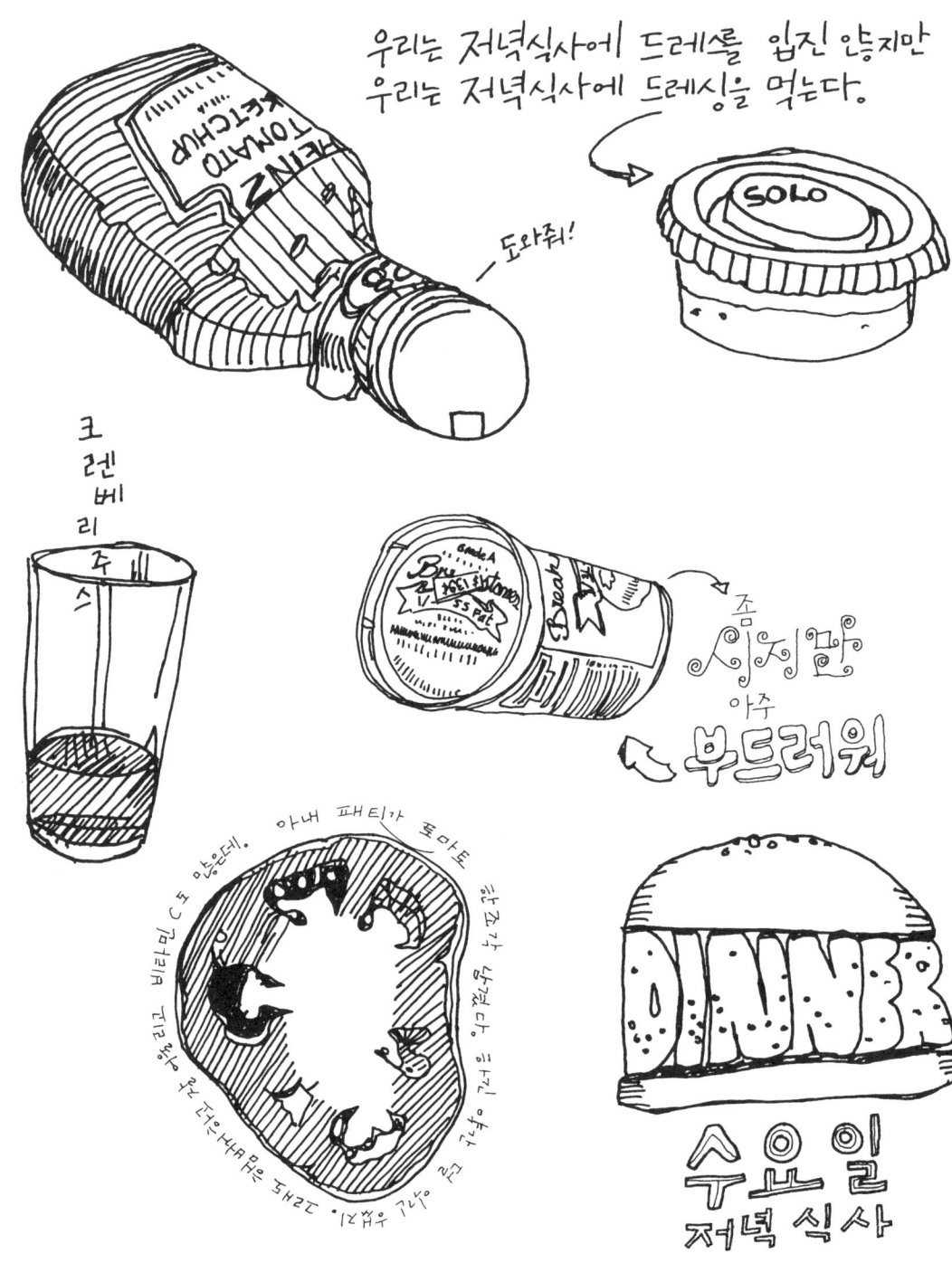

모든 날이 소중하다.

나는 그렇게 생각한다. 진심으로.
하지만 그것을 깨닫기 위해
때로는 많은 노력을 기울여야만 한다.
그림 그리기는 이런 나에게
정말 큰 도움을 준다. 예를 들어
나는 자주 참치 샌드위치를 먹는다.
그러나 그림으로 그릴 때
그것은 비로소 내 안에 남게된다.
   나는 지하철에서 아무 생각
없이 앉아 있을 수도 있지만
마주 앉은 사람의 구두를 그릴 수도
있다. 몇 달 전에 그린 그림을
보고 있으면 다시 그 시간으로
돌아간다. 타임머신보다도 빨리.
그 참치 샌드위치를 다시 맛본다.

나도 그런
샌드위치 먹어본적
있어. 끄윽.
며칠동안 소화가
안되더라구.

남은 음식들.

우리집 식구들은 (심지어 프랭크 조차도) 요구르트라면 무엇이든 환영이다. 우리가 특히 좋아하는 건 스트로베리 바나나, 블루베리, 레몬, 애플 시나몬, 자두크림(?), 복숭아, 라스베리 등등이다. 방금 냉장고를 열어보니 '초콜릿' 요구르트가 새로 등장했다. 이거 어떤 맛일지 궁금하군.

내가 어렸을 때는 이 통조림이면 굉장한 거였다. 내 아들은 뉴욕의 레스토랑 파스타들만 먹으며 자라서 그런지, 이걸 안먹는 단다. 이상한 애 다 보겠네.

내 가장 오래된 기억 중 하나는 하인즈 콩 통조림이다. 즐거웠던 어린 시절, 아버지가 나를 데려다 유모 아줌마 집에 맡긴 적이 있다. 아줌마네 거북이 등딱지 앞쪽에 구멍을 내고 리본을 묶어서 놀던 기억이 난다. 놀다가 아줌마 집에 돌아와서 토스트에 콩을 얹어서 먹곤 했다. 아주 달콤한 홍차를 같이 마셨다. 모든 것이 참 영국식이었지.

이것들은 파리에서 가져왔다.

나흘동안 정말 형편없는 그림들만 그린 끝에, 부엌에 조용히 앉아 내 앞에 있는 온갖 멋진 것들을 그리고 있다. 그림이 잘 되지 않을때면 삶이 뭔가 어긋난 것처럼 느껴진다. 〈아니, 그 반대인가?〉 아무튼, 요즘 그린 다른 것들 보다는 지금 끼적대고 있는 이 그림들이 훨씬 마음에 든다.

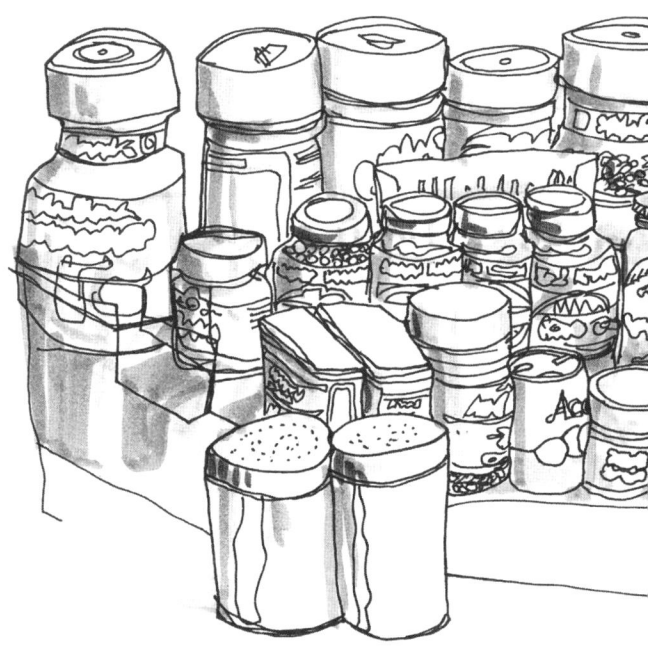

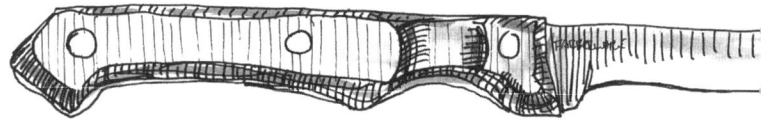

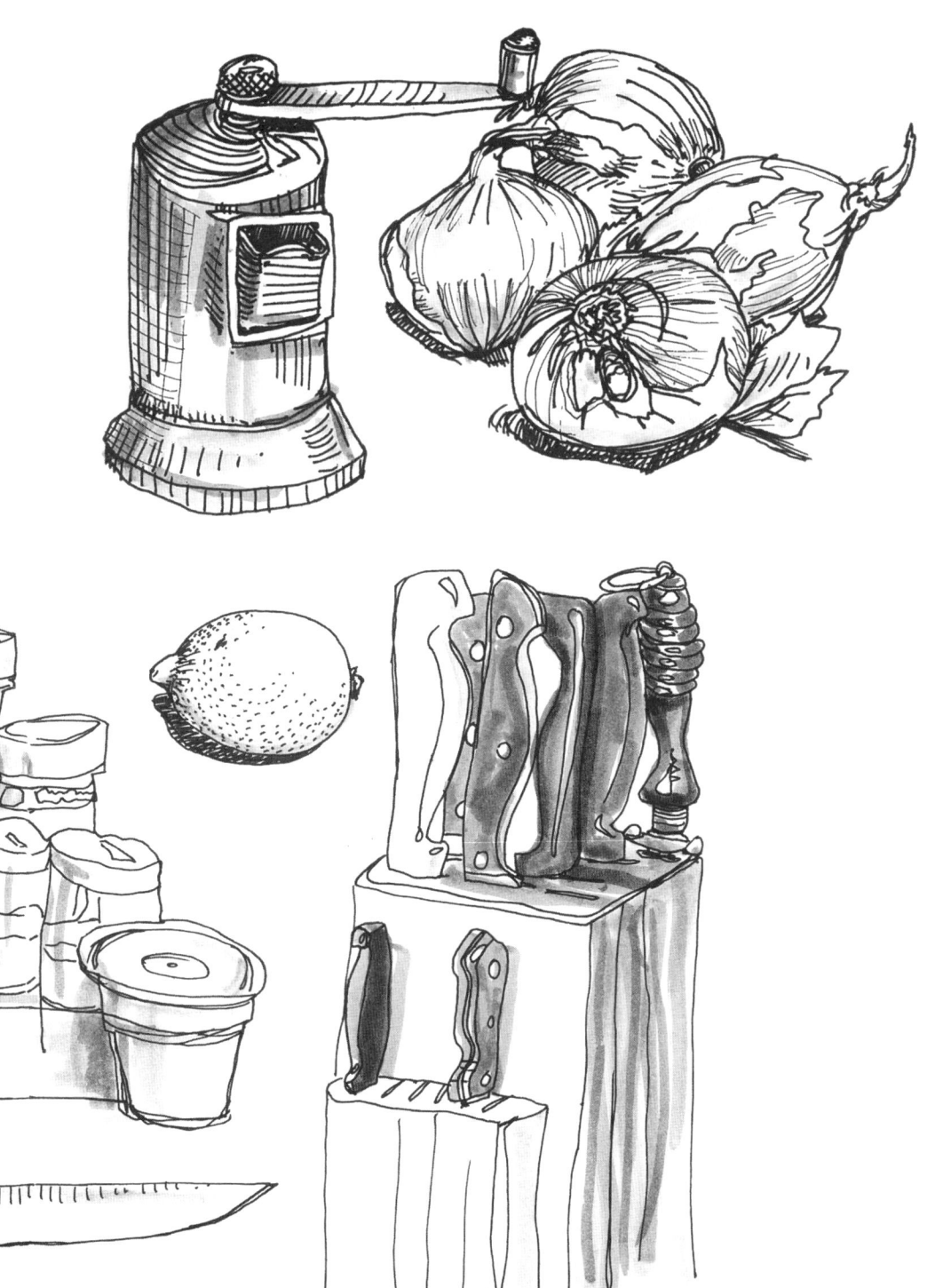

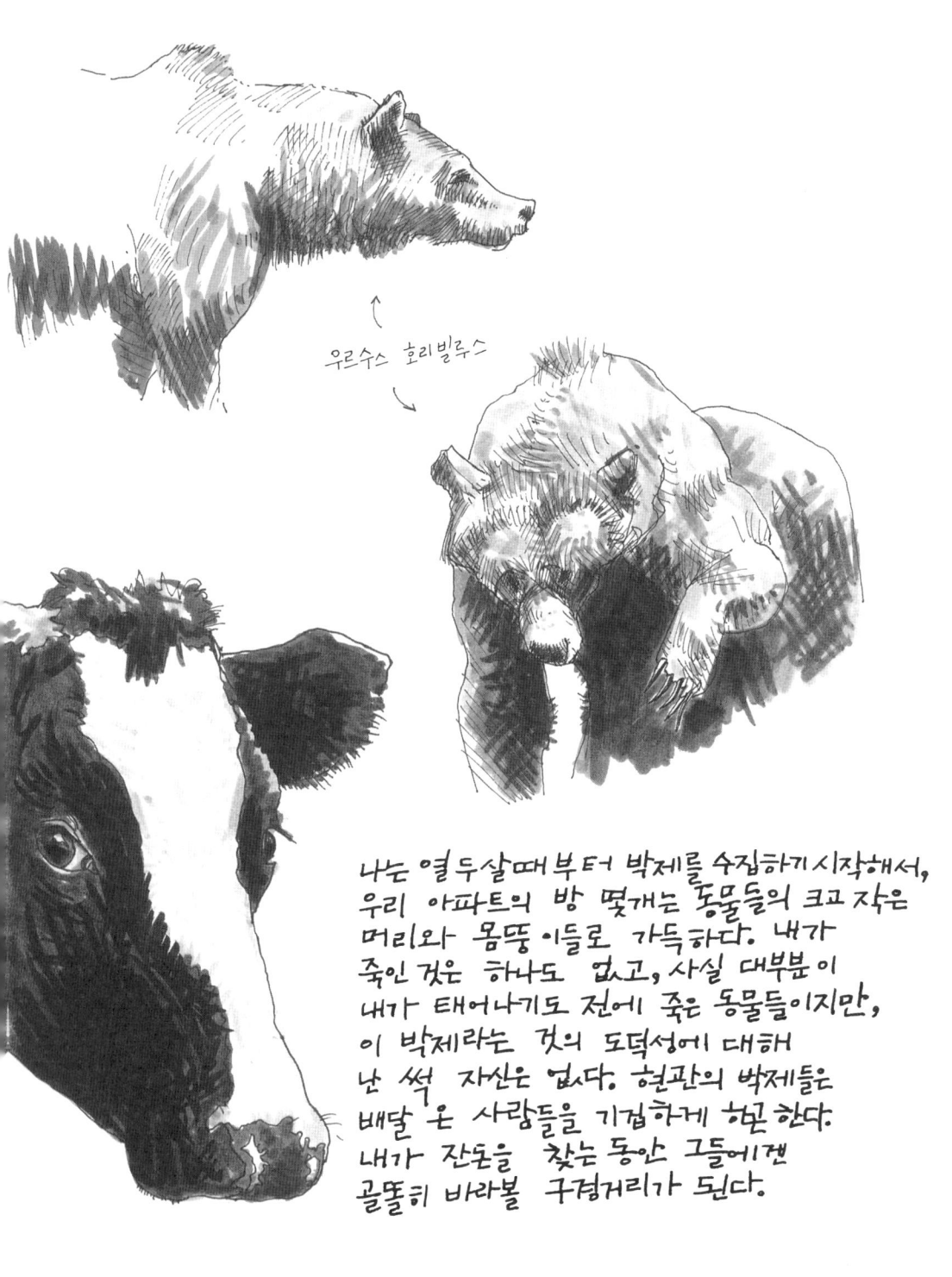

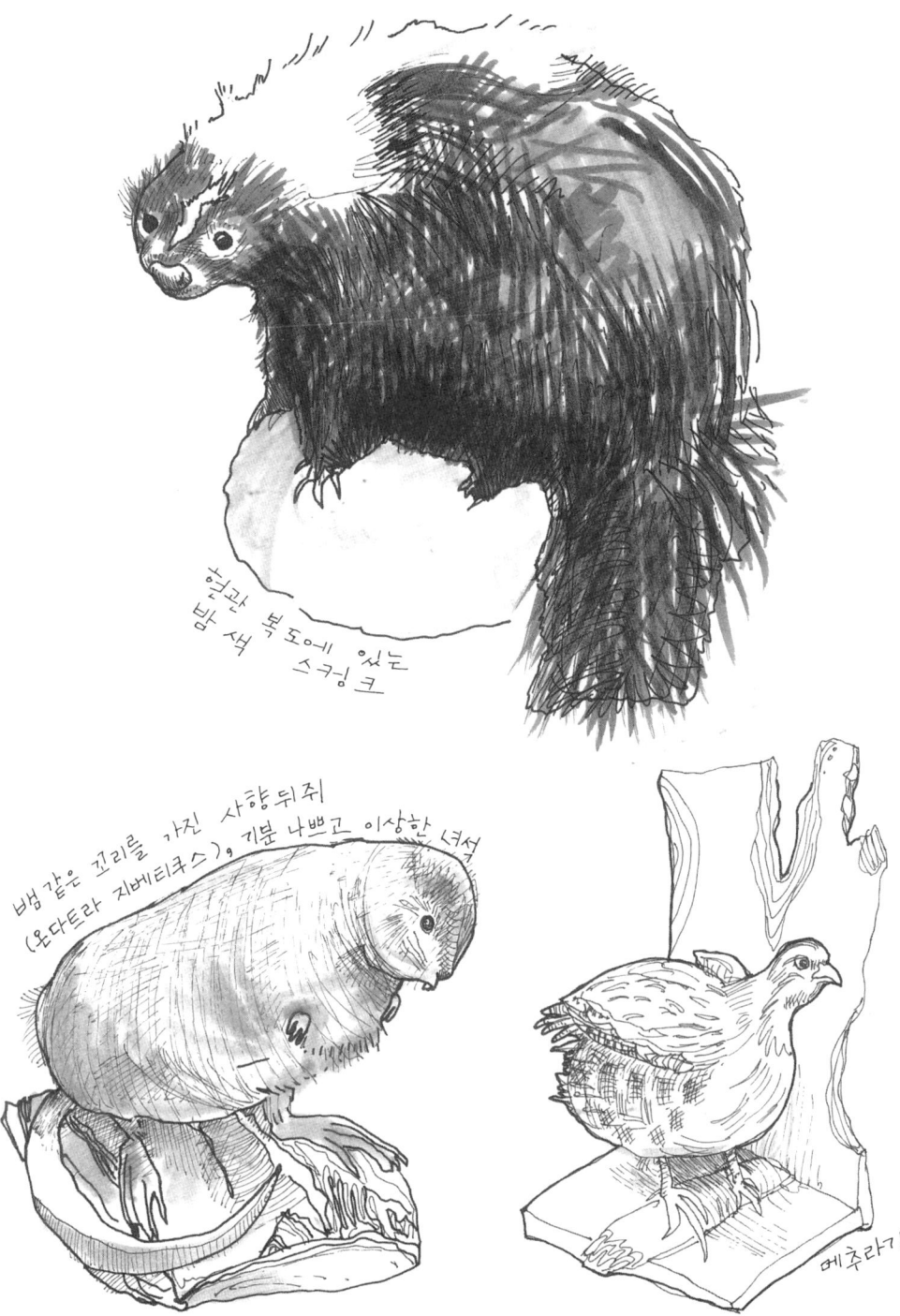

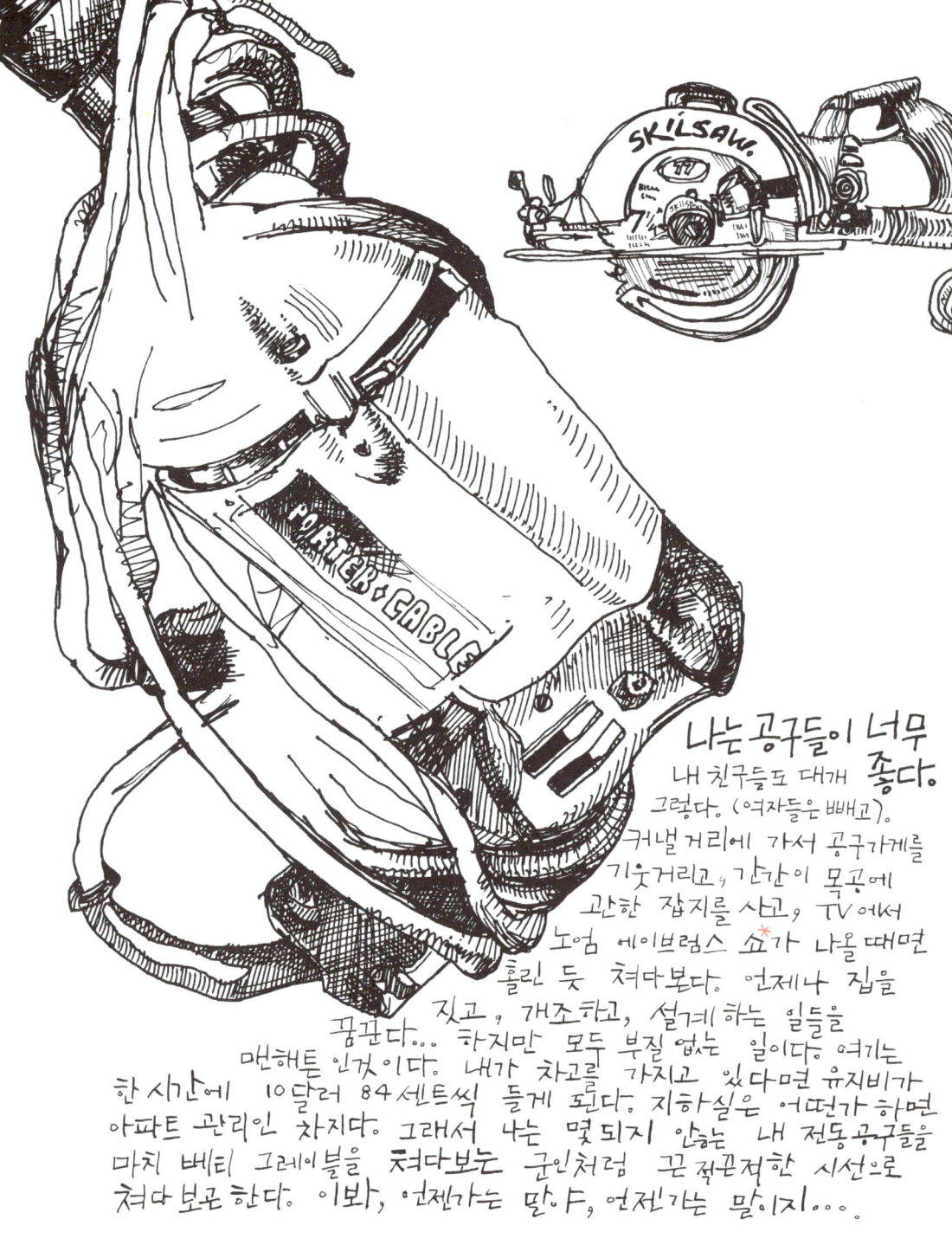

나는 공구들이 너무 **좋다.** 내 친구들도 대개 그렇다. (여자들은 빼고). 커낼거리에 가서 공구가게를 기웃거리고, 간간이 목공에 관한 잡지를 사고, TV에서 노엄 에이브럼스 쇼가 나올 때면 흘린 듯 쳐다본다. 언제나 집을 짓고, 개조하고, 설계하는 일들을 꿈꾼다... 하지만 모두 부질 없는 일이다. 여기는 맨해튼인 것이다. 내가 차고를 가지고 있다면 유지비가 한 시간에 10달러 84센트씩 들게 된다. 지하실은 어떤가 하면 아파트 관리인 차지다. 그래서 나는 몇되지 않는 내 전동공구들을 마치 베티 그레이블을 **쳐다보는** 군인처럼 끈적끈적한 시선으로 쳐다 보곤 한다. 이봐, 언젠가는 말야, 언젠가는 말이지...

＊미국 TV의 인기 있는 DIY 프로그램. 유명한 목수가 여러 가지 가구들을 직접 만드는 과정을 보여 준다.

안뜰에 놓으려고 패티가 올 여름에 산 랜턴이다. 몇 번 밖에 쓰지 않았다. 놀랄만큼 환한 흰 빛이 나지만 날 몹시 불안하게 한다. 어쩌다 이것이 바닥에 떨어지기 라도 하면, (레몬향이 첨가된) 기름이 레드우드 마룻바닥에 넘쳐흘러 우리들의 보금자리가 순식간에 무시무시한, 레몬향 나는 불꽃에 휩싸여 버리지 않겠는가 말이다. 사람들이 이런 랜턴을 벌써 몇백년 째 사용해 오고 있다는 사실도 내 불안을 가라 앉혀 주지는 못한다. 시카고 대화재가 계속 생각난다.

사진을 보고 그림 그리는 것이 왜 마음에 걸리는 지를 이젠 알 것 같다. 이 페이지에 있는 그림들이 좋은 예이다. 사진을 본다는 것은 다른 사람이 대상을 바라보았던 시선을 다시 보는 것이다. 그래서 사진을 보고 그린 나의 그림은 발견이 아니라 따라하기가 되고 만다. 그러다보니 그림을 그리는 것이 진실된 경험이 되지 못하고, 속이거나 속고 있는 듯한 느낌이 드는 것이다. 스타일이 강조된 사진이면 더 그렇다. 멋을 부리거나 부자연스럽게 그리게 된다. 여기 트럼펫 연주자 네명의 그림을 그럴싸한 예술작품처럼 한데 모아 보았다. 홀리데이 인의 칵테일 라운지에 걸려 있을 듯한 그림이다. 이런 건 진실한 그림이 못된다.

재미 있게도, 내눈으로 보고 내손으로 찍은 사진을 따라 그릴 때에는 이런 느낌이 훨씬 덜하다.

찰칵

밖으로 나갈때가 되었다.

집에 있는건 구두안에 넣는 구두틀부터 냉장고에 넣는 얼음틀까지 모조리 그려버렸다. 좀 불안하더라도 나가서 내 자신을 확인해 볼 때가 된것 같다.

처음에는 밖에서 그림을 그린다는 것이 너무나 신경쓰였다. 예술가인양 폼 재는 사람이 되는 것만 같았다.

6번 가의 동쪽

6번 가의 서쪽

작은 이게 자기 사무실이란다.

그 불안감이 자연스럽게 그리는 것을 방해해서 평소의 절반만큼도 잘 그려내지 못했다.
그래서 나는 조용히 숨어서 그리기 시작했다. 공원의 멀리 떨어진 벤치에 앉아서, 또는 커피숍의 창가자리에 앉아서. 그런데 솔직히 말해, 아무도 신경쓰지 않았다.

내 그림이 얼마나 형편없는지 보려고 주위에 벌떼처럼 몰려드는 사람들도 없었고, 예술가 면허증 좀 보자고 하는 사람도 없었다. 이곳은 뉴욕이며 누구에게나 자신만의 뉴욕이 있는 것이다.

뉴욕은 내 집이다. 내가 열두 살 때 우리는 S.S. 라파엘로 호를 타고 바다에서 일주일을 보낸 끝에 부두에 도착했다. 새벽안개 속에서 자유의 여신상이 아침인사를 했고, 사람들은

23가와 만나는 브로드웨이와 5번가   건물 수리중, 5번가

얽히고 설켰고, 왜 있잖은가. 그 이후로는 대학교 다닐 때를 제외하고는 (그래봐야 고작 60마일 떨어진 곳이었지만) 다른 데서 살아본 적이 없다.

이곳을 정말 잘 알고 있다고 생각했는데, 사실은 뉴욕을 한번도 제대로 본 적 없다는 것을 알게 되었다.

　무엇을 볼 때면 당신은 그것을 어떤 카테고리에 넣는다. "나는 공원에 있어.", "여기는 소호야.", "신호등이 파란불이네." 편리하고 빠르며, 뉴욕처럼 정신없는 곳에서 살아가는데 필요한 방식이다. 그러나 당신이 자신을 그저 보도록 내버려둘 때, 그것은 화창한 첫 봄날에 창문을 여는 것과도 같다. 세계는 낯설고, 날카롭고, 낱낱이 다른 무엇이 되어 흘러들어 온다.
　과거의 경험에 기대지 않을 때, 존재하는 줄 미처 모르고 있었던 것들을 보게 된다. 페인트 떨어진 조각의 모양새, 길 모퉁이에 서있는 사람들의 생김 생김, 나무 둥치에 비친 나무덤불의 그림자. 고정관념을 버리고, 판단하려 하지말고, 가능성들을 받아들여 보라. 시간의 짓누름에서 풀려 날수 있다. 모든 것은 자신만의 방식으로 심오하고 독특하며, 아름답다. 그림을 그려 보아야만 보이는 것은 아니다. 하지만 나는 그렇다.

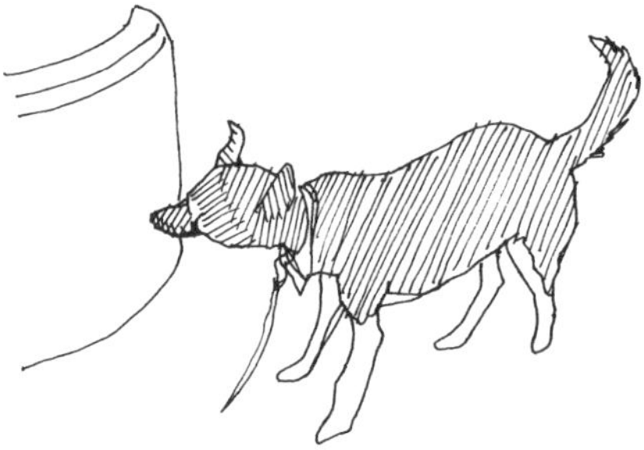

공원에서 프랑키e

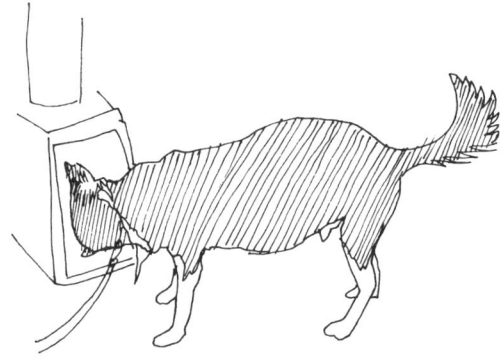

함께한 1내일아침

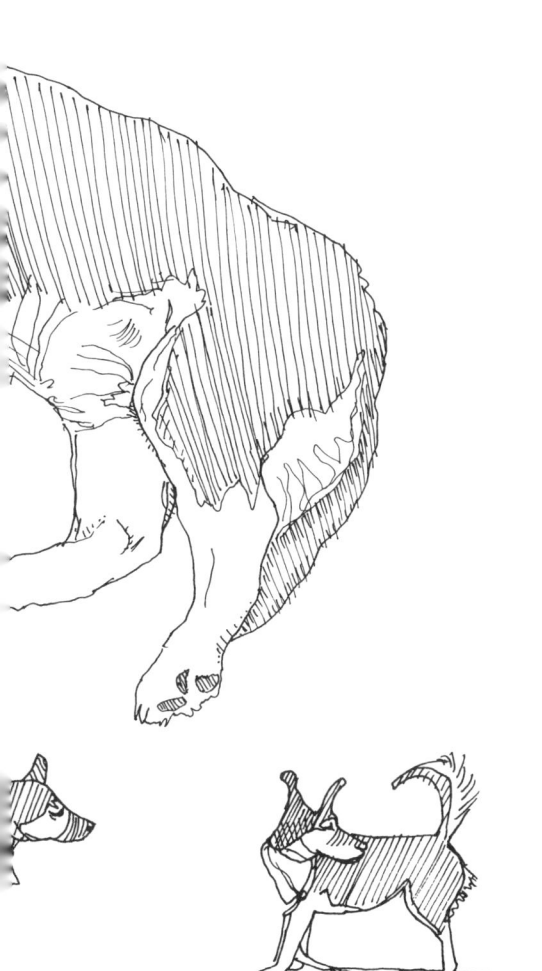

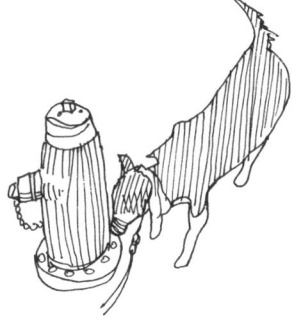

때로는 신문을 읽는다는 것이 무슨 종신 징역만 같다. 매일 아침 전철타러 가는 길에 정확히 그날치 신문 값 만큼의 잔돈을 가지고 나선다. 그리고는 내릴 곳에 도착하기 전에 전철안에서 다섯 섹션의 백 페이지쯤 되는 걸 다 읽으려고 애쓴다. 만일 다 못 읽으면 남은 걸 사무실에 들고 가야 하는데, 그러면 퇴근하면서 쓰레기통에 던져 버릴 때까지 사무실에서 그저 굴러다니기 마련이다.

주말은 더 나쁘다. 일요일판 신문은 도착하는 데만도 이틀이 걸리는, 한 뭉치의 읽기 숙제거리와도 같다. 패티는 읽지 않은 것들을 재활용품으로 내 놓을 때까지 몇 주일씩 묵혀두곤 한다. 이런 모든 노력에도 불구하고, 언제나 지식과 정보에 뒤떨어진 느낌이 드는 것이다.

대부분의 신문 가판대들은, 이를테면 맥두갈 거리에 있는 이런 곳들은, 잡지장사보다 복권장사가 훨씬 잘될 것만 같다. 주인은 언제나 인도 사람아니면 파키스탄 사람이다. 그들 자신이 복권을 사기도 하는지 궁금하다. 그래서 이 사람에게 그걸 보여주었더니, 자기는 방글라데시 사람이며, 6불이나 100불짜리가 당첨된 적이 실심찮게 있다고 한다. 뭔가 혼란스러운 기분.

간막이 일터
그리고 그 안의 사람들

이 매점 주인은 내가 목요일 아침에 이걸 그리고 있는 동안 자리에 없었다. 사람들이 들러곤 했지만 도넛하나 슬쩍 가져가는 사람 없었다. 나중에 어깨에 큰 물통을 메고 웨스트 3가를 걸어 내려오는 주인을 보았다. 믿음 두둑한 사람.

이제 토큰은 쓸수 없고
교통카드만 된다.
미심쩍기만 한 그
흘랑훌랑한 플라스틱 종이를
받아들이는 데 한참 걸렸다.
더 위생적이긴 하겠지만,
덜 뉴욕스러워.

8번가 바로 옆에 있는
주차장 부스. 정말 좋은
일자리인 것 같다. 혹시
남는 자리 없는지 다음주에
한번 물어 봐야지.

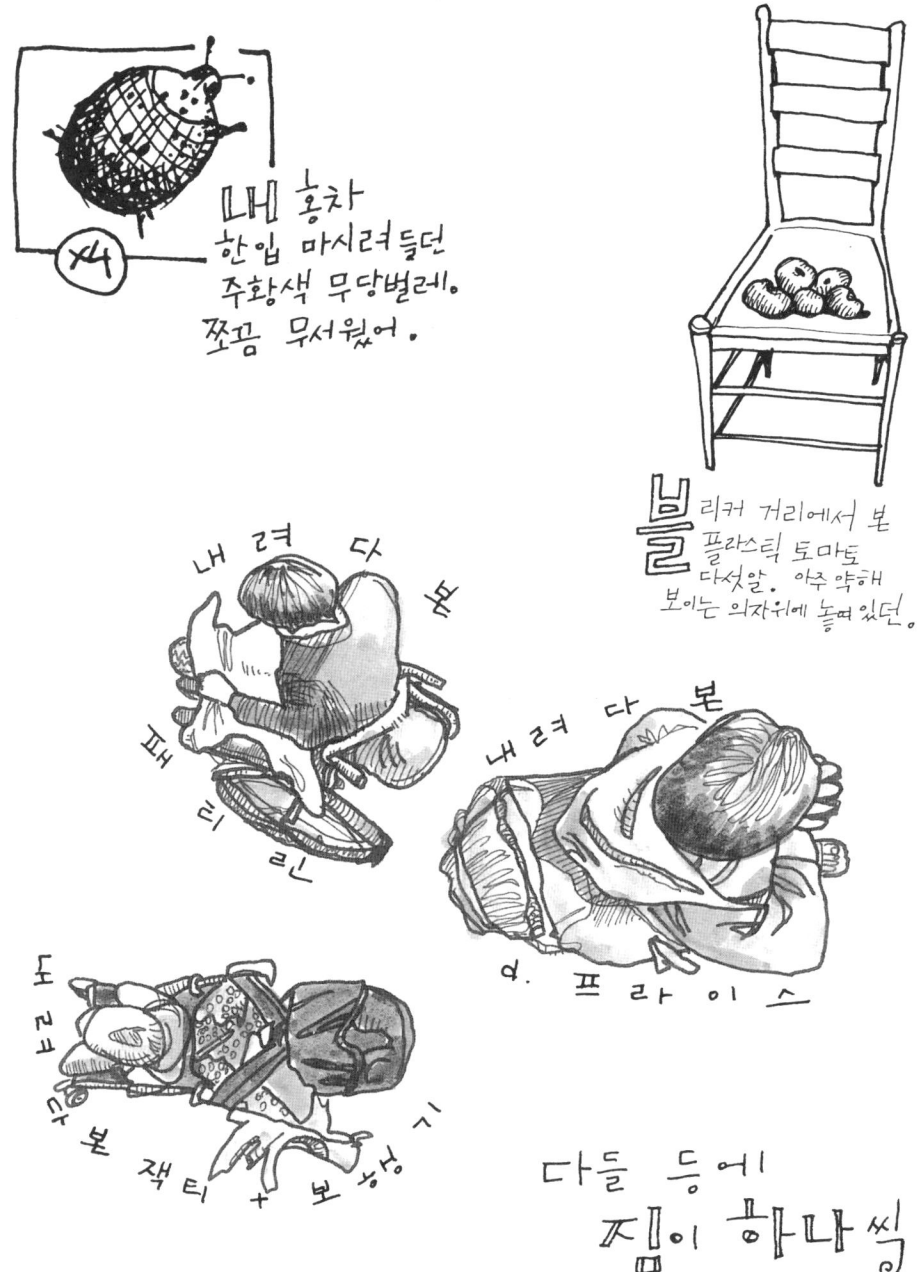

꼼짝도 않네

책

이 날은 엄마를 읽고 있다. 휠체어 탄 엄마 무릎에 앉아 돌아다니는 한 어린 소년의 이야기다. 읽어 주는 테이프를 들으며 그림 보다가, 페이지가 바뀔 때마다 꼭 맞추어 책장을 넘긴다. 테이프가 끝나자, 한번 더 듣고 싶단다.

시끄럽고도 깨끗한
새로운 타임 즈스퀘어에
자리 내어 주느라
포르노 극장들이 하나둘
문을 닫는다. 나는 그들이
불러일으키는 그리운
감정들이 너무 좋다.

어서 오세

이거
섬뜩하군

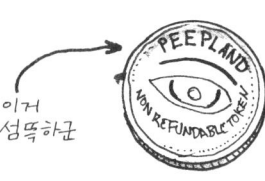

우리 회사

이곳의 치즈버거가
내 건강에
끝도 없이
해를 끼쳤지.

* 뉴욕 맨해튼 34가에서 59가 사이, 8가에서 허드슨 강에 이르는 지역을 일컫는 말. 예전에 갱들이 활보하는 위험하고 불우한 지역으로 악명 높았다. 최근에는 환경이 개선되고 식당들이 많이 들어서면서 활기차고 재미있는 지역으로 변신했다.

뉴욕엔 많고 많은 나무들이 있다.

그림을 그리게 되고 나서부터 비로소 그들을 의식하게 되었다. 나무들은 우리의 길가에 늘어서 있고 길건너 광장을 메우고 있다. 우리는 나무의 호수와도 같은 워싱턴 스퀘어 파크를 내려다보고 사는데, 처음으로 우리만의 나무 두 그루를 갖게 되었다. 한 그루는 꽃사과 나무인데, 뒤틀리고 비비꼬인 작대기였던 것이 이제는 체리만한 열매로 가득한, 작지만 풍성한 나무로 자랐다. 다른 하나는 헐리우드 소나무인데, 시커먼 브릴로 남비닦이 같던 것이 이제는 자그마한 크리스마스 나무가 되었다.

지난 주말에는 9가와 C번가 모퉁이에서 커다란 버드나무를 보았다. 적어도 5층정도 높이에 너비가 사방 반 블록 정도는 차지하고 있다. 나는 언제나 버드나무를 좋아했다. 트라이우디 캠프에서 우리는 버들가지를 꺾고 이파리를 떼어내서 기다란 자연산 회초리를 만들곤 했다.

이제 동네의 느릅나무들이 잎을 떨구고, 공원은 패티의 머리카락 색처럼 변했다. 구릿빛, 겨자빛, 밤색, 적갈색으로 반짝이는 팔레트와도 같이. 곧, 너무 빨리, 나무들은 다시 완전히 헐벗게 될것이다.

나무그리기를 공부하는 좋은 방법은 가지들이 서로 연결되어 나간 모양새를 잘 관찰하는 것이다. 겨울엔 나무그리기 공부를 하러 손가락 없는 장갑이라도 사서 공원에 나가봐야겠다. 수은주가 떨어질 때도 펜이 부드럽게 움직여 줄지 모르겠다. 어떨땐 나무들이 불쌍해.

맥주랑 은 뭘좀 마시려고 식당에 들렀다. (우리는 다이어트 중이다.) 바텐더는

지난 밤. 엄청 나게 마셨다며 떠들어 대고 있다. 지난번 여기에 왔을 때도, 맹세하는데, 정말 똑같은 얘길 하고 있었다구.

잠시후: 웨이터 중 한명이 내 그림을 좀 봐도 되겠냐고 하더니, 바텐더에게 이걸 보여 줬다! 나는 완전히 얼었고, 바텐더는 좀 전보다 얼굴이 더 파리해 보인다. 아무래도 스케치북을 집에 놔두고 다녀야 할 것만 같애.

와우! 꼬랑 정말 잘 그렸는데? 친구.

인물데생 수업을 들어 보기로 했다. 몇시간 동안을 이 여인을 그리는데 보냈다. 나중에 이런 생각이 들었다. "꽤 괜찮은 그림이야. 하지만 **이사람은 도대체 누구지?** 왜 이사람이 내 스케치북안에 있는거지? 나를 위해서 굉장히 오랫동안 가만히 앉아 있어준 것 말고는 우리 사이에 아무런 관계도 없잖아. 이게 뭐냐구." 다음부턴 누드라도 그려야 하는 걸까.

계산은 얼마 나오지 않았지만 팁은 듬뿍주었다.

사람들은 지옥 이야 ®

페이지에 오신것을 환영합니다. 자, 이제 나가 주시죠.

책벌레의 고백

나쁜 버릇을 고치려고
가까운 제퍼슨 마켓
근처의 도서관 책들로
관심을 돌려보려 했다.
하지만 저어도 반타스의 책들을
동시에 봐야 하는 습관때문에,
연체료만 끝없이 내다 두손 들었다.

스트랜드 서점

중고책이 16마일이나 있지만 괜찮은 종업원은 한명도 없다.
그래도 정말 멋진 책들을 괜찮은 가격에 찾을수 있다. 하지만 공을 들여야 한다.
불편하고, 지저분하고, 분류가 엉망이다. 그래서 주말마다 한번 밖에는 오지 않는다.
좋아, 사실은…두번.

주 활동무대

유니언 스퀘어 북쪽에 있는 반즈 앤 노블 서점이다. 뉴욕 전체에서 제일 크다.

대형서점에 대한 내 열광적인 애정을 변명할 마음은 없다. 나는 여기에 지나칠 정도로 자주 와서는 서너 시간 동안 뒤적거리기만 하고 아무것도 안사곤 한다.

이젠 완전히 아라들도 걸려들었어.

지옥의 천사들과의 점심식사

꾀생원같이 쪼끄만 접는 의자에 앉아서 '지옥의 천사들' 모터사이클 폭주족 클럽의 뉴욕지부를 그리고 있으려니 좀 불안스럽다. 아직 일요일 낮 열두시 밖에 안되었으니 밤새 강간+강도질 하고 와서 아직 자고들 있을거라고 생각은 한다. 하지만 언제라도 아지트에서 쏟아져 나와 내 마카펜을 분질러 뜨리고 엉덩이 밑의 의자를 걷어차 버릴지도 모른다. 그래도, 온몸이 완전히 찢길 위험을 비웃기라도 하듯, 나는 계속 그렸다 이거다.

그레이트 존스 거리의 존스 다이너에서의 점심식사. 참고: 여기가 '그레이트' 존스 다이너라 불리지 않는는 건 다 이유가 있어서다

수 요 일 · 밤 · 아 홉 시

회사에 있다. 벌써 몇시간 전에 걸려오기로 도

삼 십 분

었던 전화를 아직도 기다리는 중. 집에 가고 싶어.

이마 복판에 경련이 일곤한다. 예전엔 그렇지 않았다. 파킨슨씨병이라는 생각은 더이상 안하지만 (아마도), 패티의 휠체어 핸들을 쥐고 움직이느라 엄지손가락과 손바닥과 근육들에 무리한 압박이 가해진 건 사실이고, 결국 가끔 가볍게 경련이 일게 된 것이다. 특히 오른손이 그렇다. 이런 일에 화를 내거나 하지는 않으려 한다. 화를 내서 무슨 소용이 있나. 패티가 장애인이 되지 않았으면 우리의 삶이 달랐을거라는건 사실이다. 우리는 더 자연스럽게 살고, 훨씬 더 많은 것을 함께하고, 더 동등한 관계를 가질 수 있었을 것이다. 그러나 이런 손실과 함께, 우리를 오히려 더욱 가까워지게 하는 경험들도 찾아왔다 - 하나 라는 결속감, 느린 삶, 다른 이들과의 어울림, 점잖아지고 철이 든 책, 일종의 자신감, 같이 극복하고 살아남았다는 유대감 같은 것들. 나는 언제나 자기연민 에는 빠지지 않으려 노력해 왔다. 거기서 빠져나지 못할까봐 두려웠기 때문이다. 하지만 울고 난 뒤면 비가 개인 다음 처럼 개운하곤 했다. 다시 거기에 갈수 있을까? 그럴수 있다면 무엇이든 하겠다.

우리가 극복해 나온 것들에 대해서는 기쁘지만, 우리가 치러야 하는 희생에 대해서는 마음 깊은 곳에 분노가 남아있다. 내가 삶을 지금보다 더 즐겼던가? 삶의 무게가 전에는 더 가벼웠던가? 기억 나지 않는다. 내가 아는 것은 그림을 그리거나 무엇을 만드는 걸 내가 이전보다 훨씬 덜 부끄러워 하게 되었다는 것, 그리고 장미꽃 향기를 맡으려고 훨씬 자주 멈춰 서게 되었다는 것이다. 아니면 내가 그저 나자신 에게 속고만 있는 걸까? 때로는 내가 느껴야만 한다고 생각 하는 것과 내가 실제로 느끼는 것을 잘 구별하지 못하겠다.

나는 내 자신이 미지의 무언가를 찾아 헤매 거리는 것도 이제 그만 좀 했으면 좋겠고, 자신의 감정에 좀더 확신이 있었으면 좋겠다. 이만한 나이다 이만큼의 주름살을 가진 사람에게 어울리게끔 말이다.

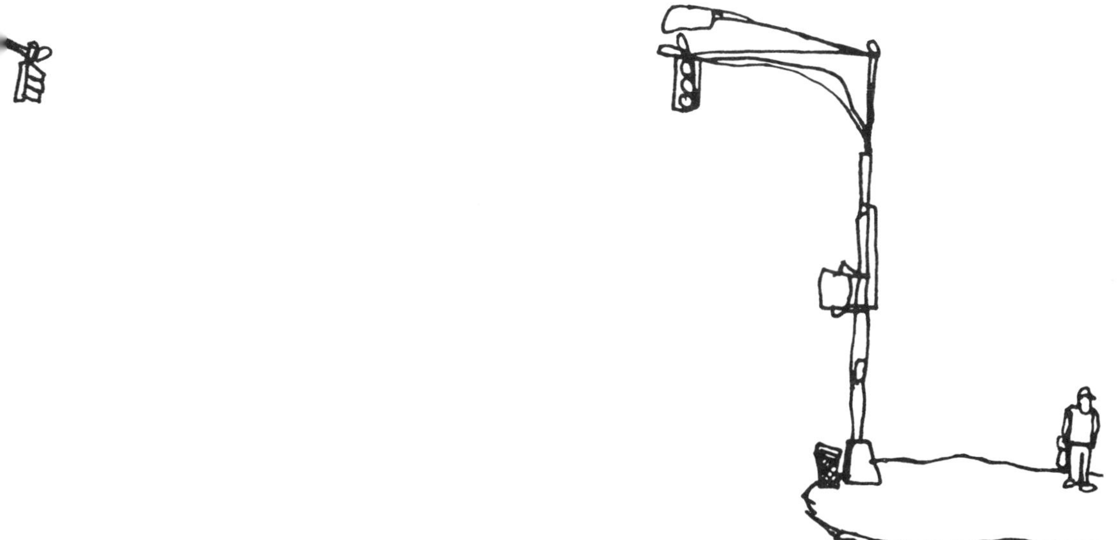

가만히 앉아 무언가를 오래도록 지켜보고 있으면, 그것이 살아 숨쉬기 시작한다. 나는 내가 그리고 있는 것에 얽힌 이야기들에 아주 매혹되어 버렸다.
　나는 귀신 나오는 집들이라면 찾아다니면서 그렸다. 거기 얽힌 얘기들을 찾으며 말이다. 전설이 흉흉할수록 그림 그리기는 더 흥미진진해지게 마련이다.
　이런 건 사실 사색같은 것은 못되고 그저 호기심에서 기웃거리는 것에 가깝다. 하지만 평범한 벽돌과 브라운스톤들을 훨씬 재미있게 그릴수 있게 해준다.
　저 창문 뒤에서 뭐가 방금 움직였나? 벽에 저건 핏자국 일까? 헤헤.

유령

이 난다며 마크 트웨인의 아내는 이집에서 도망쳐버렸다. (웨스트 10번가 14번지) 몇 십년 후, 이 집에 세든 한 사람이 빅토리아 시대에 이곳에서 있었던 끔찍한 살인사건에 대해 책을 썼다. 책을 쓴지 얼마 지나지 않아 저자는 자살했다. 이밖에도 이집에서 일어난 이상한 일들을 취재하러 1980년대에 TV 뉴스리포터들이 여기 사는 사람들을 인터뷰 하러왔다. 그 당시 이곳에 살고있던 변호사는 기자들에게, 여긴 별일 없다고 했다. 그 변호사가 누군가 하면, 조엘 스타인버그! * 얼마 안있어 그 작자와 그의 여자 친구 헤다가 여기서 한 일들이 신문 1면에 가득 실리게 되었다.

오싹 오싹 하지롱.

*1987년, 여섯 살 난 입양한 딸을 이 집에서 때리고 학대한 끝에 숨지게 했다.

쥴리 게오르그의 예술 농장에 와서 패티는 하루종일 잔디깎는 트랙터를 몰고 돌아 다닌다. 42 에이커나 되는 땅을 다 깎으려는 건 아니고, 강에도 가고 잡초속에 숨어 있는 금속 조각 작품을 찾아다니기도 하고 건물들을 일일이 구경하려다 보니. (용접실, 비디오 작업실, 그림 작업실, 숙소, 우유 짜는곳, 그리고 또 또 또)

쥴리의 조각 작품

아기 사슴

칵테일마시고 스낵먹는사람들

6.26

비둘기들은 꽤 예쁘지만 또 어쩐지 앉음새도 낯다. 많은 것 같아. 매우 가볍고 꽤 크고 '나쁜 꼴까마귀'하는 그 꼬락서니. 왜 이리 낯을 그 헐벗은 발 때문일까. 동물세계의 쓸쓸하는 것이야.

자전거 배달부가 되고 싶은 몇가지 이유 :

1. 멋진 몸매를 가꾸고 그러면서 돈까지 번다.
2. 슈퍼맨처럼 멋지고 유별난 옷을 입는다.
3. 자전거를 아주 단단히 붙들어 매는 법을 배운다.
4. 다른 사람들의 편지를 볼수있다.
5. 귀여운 집주인들을 많이 만나게된다.
6. 근무시간에 침도 뱉고 욕도한다.
7. 무전기.
8. 택시기사쯤은 자전거 펌프로 혼내준다.
9. 다음번 올림픽에 나가게 될지도 모르잖아.
10. 이만하면 충분해.

이 재미없는 이야기들을 쓰고
서툰 그림들을 그리는 것이 내게 재미
있어졌고 해야할 일로 느껴지게되었다.
그러니 만일 내가 톡톡튀는 재치와 지혜
로 페이지들을 채우지 못했고, 내 그림들이
원숭이가 둘구멍에 작대기를 꽂아그린 것
같다고 생각한다면, 법원에 고소하시오.
언젠가는 더 잘하게 되겠지. 안 그럴지도
모르고. 지금 나는 이 일이 좋다. 이작업은
나로 하여금 자신에게 더 관대해지고,
내 삶의 많은 것들을 다시 생각하고,
도전하여 새로운 문들을 열어 보게 해줬다.
원래 있던 곳과 경치가 달라지기에는
아직 이 새로운 길을 얼마가지 못했다.
내 상상속에서를 제외한다면. 그러니
그만 두기보다는 계속 더 따라가
보려 한다. 그러면 새로운
풍경이 나타나겠지.

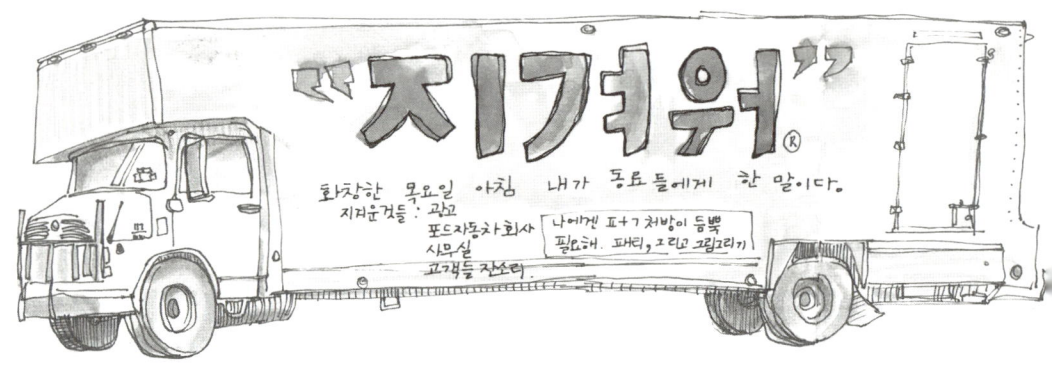

"지겨워"

화창한 목요일 아침 내가 동료들에게 한 말이다.
지겨운 것들 : 광고
포드자동차회사
사무실
고객들 잔소리

나에겐 P+J 처방이 듬뿍 필요해. 패티, 그리고 그림그리기

그래서 로워 이스트 사이드에 있는 이 잡동사니 가게에 나와 오래된 살림살이들을 그려 본다. 이젠 더 이상 보기 힘든 그런 것들 말이다. 라이 플레이 랜드*에서 꼭 한번 볼적 있는 페달식 핸드 드라이어, 그리고 크램든 가족**이 썼을 법한 아이스박스. 세상에.

* 1928년에 설립된 미국 최초의 가족 놀이공원. 뉴욕 주 라이 소재.
**1950년대에 미국에서 인기 있었던 「허니무너스」 시트콤의 주인공 가족 이름.

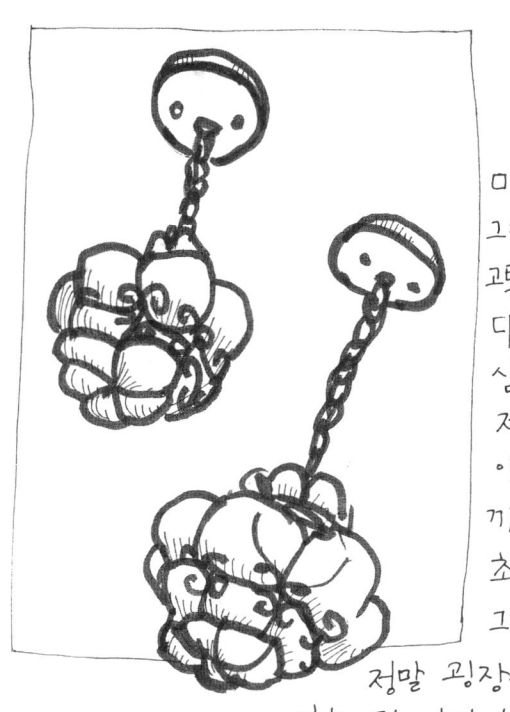

마룻바닥에 누워 천정을 올려다보며
그리는 것은 내가 생각해낼수 있는 가장
고통스러운 자세다. 하지만 나는 뭔가 아주
다른 방식으로 그려 보고 싶었던거다.
심지어 더 불편하게 해 보느라 식당의
전등불을 켜 놓은 채로 그리기도 했다.
이글이글하는 빨간 전구를 버틸수 있을때
까지 노려보면서 말이다. 여기에
최후의 결정타 추가 : 멋없고 못난 선만
그려지는, 끝이 납작한 사쿠라 3.0 펜.

정말 굉장히 불편했고 얻어진 그림도 형편
없는 것이었지만, 그래도 재미있었다. 이 모든 일의
핵심이 사실 바로 그거 아닌가. 이 책을 쓰는 몇달동안도
이따금 프로가 되고 싶다는 헛된 생각에 빠질때마다 이를
잊어버리곤 했다. 그림 그리는 일에 실용적인 의미를 부여해 보려는
노력들은 나를 내 작업의 진정한 목적과는 아주 동떨어진
곳으로만 끌고 다니다가, 결국 짜증만 불러 일으키고 끝나곤 했다.
내 작업의 목표는 사실 아주 단순하면서도 오랜 세월
내가 간절히 염원하고 찾아 헤맨 그 무엇이다.
존재하려는 것.

블라인드 너머로 비치는 황금빛햇살.
잭의 방에서 들려오는 웃음소리.
따뜻하고 맛있는 차 한잔을 기다리고
있음. 아직까진, 나쁘지 않은 하루.

바워리 세인트 마크 교회
정면에서 바라볼 풍경

(이 교회는
바워리 거리가 아니라
다른 곳에 있지요.)

눈에 보이는 것만 그릴 필요는 없다고
한 친구가 말해주길래, 좀 특별한
걸 덧붙여 봤음.

앤디 워홀처럼 나도 쿠키단지를 모은다. 사실
아직 하나밖에 없지만. 앤디 워홀과 달리 내것은
아름다운 아내가 주었다. 또 그는 죽었지만 나는
살아있다. 그는 위대한 예술가였고 나는 쿠키단지가
하나 있을뿐이다. 하지만 쿠키라면 아직 잔뜩 먹을
수 있고, 실제로 그렇게 한다. 결국엔 이 불룩한, 과자
부스러기 흐트러진 똥배. 앤디 워홀과 달리.

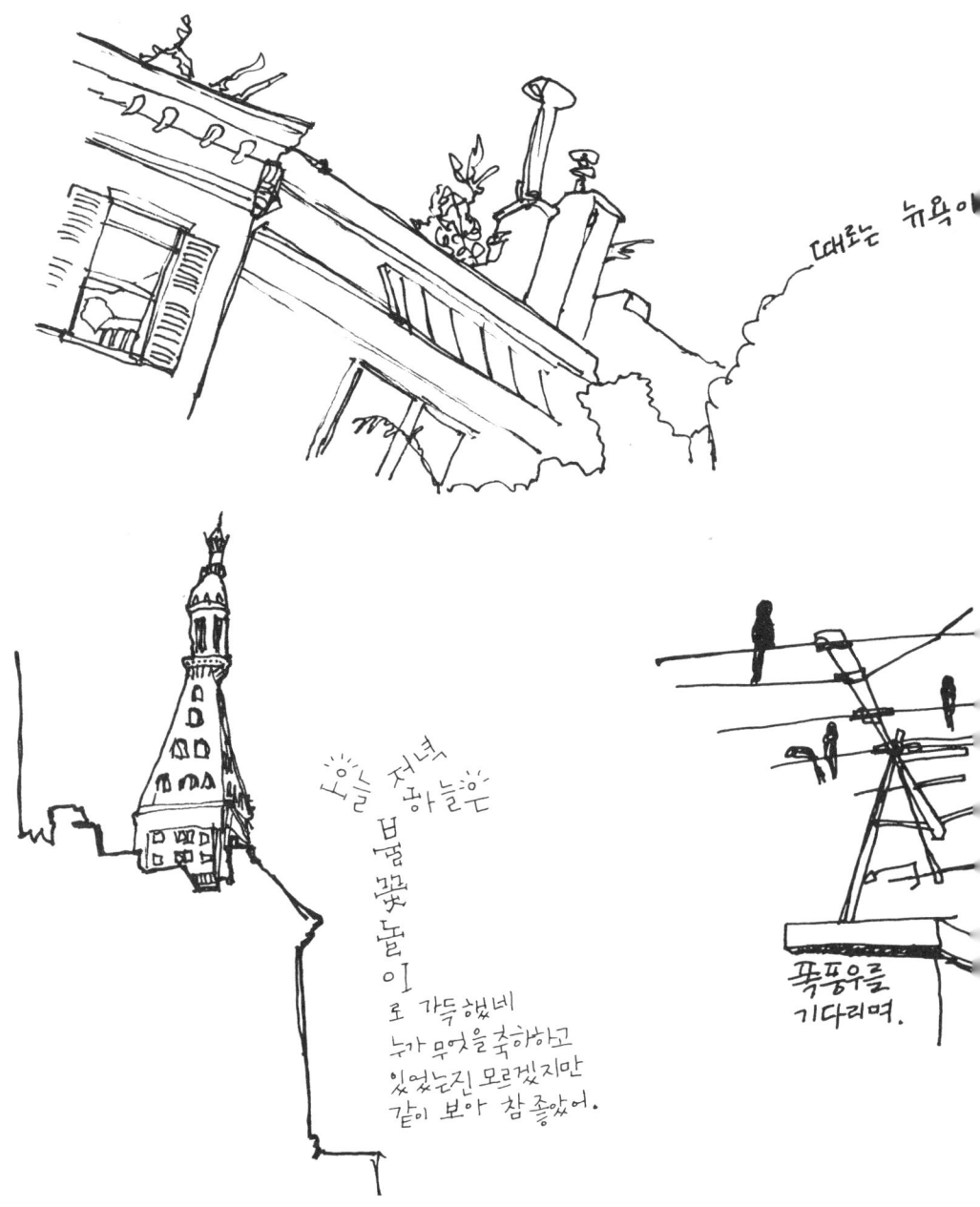

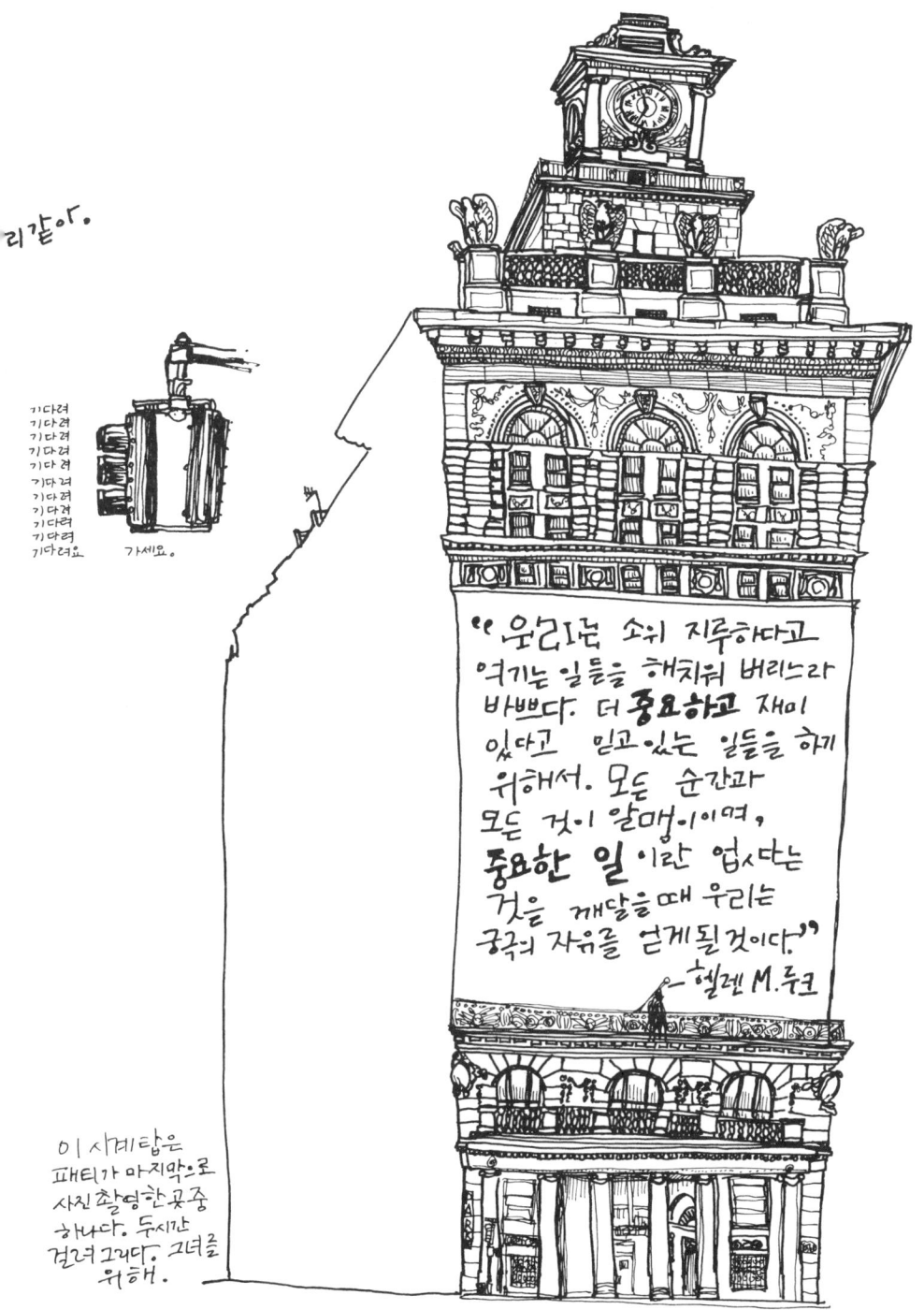

매일아침 지하철에서
기어나오면 맨 처음
눈에 들어오는 풍경

패티 할머니의
양념통 선반

혹시 세계에서 제일

아무

나는
우울하게 앉아
중얼거렸지.
66 정말이지

포스타바 빨 배미네(!)

꿈은 사바 음냐

점심

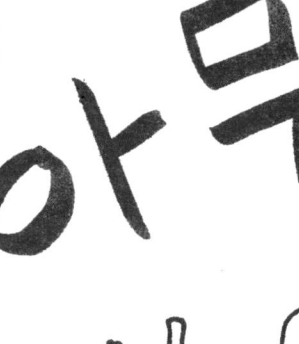

그릴

우리 블록의
나무들이 드디어
제 푸른색들을
되찾았다.

보도에
그저
추눠져
있던 이
녀석.

오래된 나의 철학

출장 이라는게

참 골치 아플수 있다. 별로 대단할 것도 없는 여행끝에 드디어 도착하면… 회의에 참석하는 것이다.

어딘가에 정말 머물다 오는 것이 아니라, 그저 정신없이 우왕좌왕 만 할뿐. 땅콩 한 봉지 들고 회전문에 갇히는 것과도 같다.

난 이 그림 맘에 들어. 괜찮지 않아요?

라이커스 아일랜드 감옥행 버스가 사람 가득 태우고간다.
나는 존 F. 케네디 공항행이다. 휴우.

내가 탄 비행기는 깨끗한 화장실 같은 냄새가 났다. 밑에서 본 모습.

택시!

공항까지 택시.
공항에서 택시.
호텔까지 택시.
회의하러 택시.
식당까지 택시.

게이트에서 짐부치는 카우보이

호텔까지 택시.
또 회의하러 택시.
호텔까지 택시.
공항까지 택시.
공항에서 택시.

몇 주 있으면 죽음의 계곡을 보러 네바다에 간다. 여름에는 기온이 60도까지 올라가지만, 지금 이맘때면 낮엔 그저 좀 덥고 밤이면 시원하길 바래본다. 그리고 유령도시, 버려진 탄광, 선인장, 도마뱀등 수많은 멋진 것들을 그리고 싶어 기대된다. 목도리, 누비이불, 시린 발가락, 비, 눈, 바람, 얼음, 기타 등등 이제 아주 **지겨워 죽겠다구.** 사막에서 캠프치고 잔다는게 좀 불안하긴 하지만, 뭐 어디 내가 안 불안해 하는 일이 있나. 어쩌면 그 황량하기 짝이없는 곳에서의 일주일이 나의 고질병인 망설임증을 영원히 몰아내 줄지도 몰라.

떠나자

적어도, 꿈이라도 꾸자.

올 겨울에는 망할놈의 비가 끝도없이 온다. 패티는 웬만해서는 우산을 쓰지 않는데.

5번가를 어슬렁대고 있음. 2월의 맑고 푸른 하늘을 꺼고 있는 이 물탱크들이 얼마나 기괴해 보이는지를 보고 놀라다.

데이빗 마멧의 새연극 「우리 동네」의 오프닝 세트. 좀 심심 하다. 연극은 안그랬으면 좋겠는데.

래, 맞았어.

자동차를 그려서 비례가 대체로나마 맞아보긴 좋은데.

1940년대에 만들어진 이 오래된 소방차는 알래스카 시워드의 한 폐차장에서 왔다. 그렉 파울스랜드라는 조각가가 그곳에서 석달동안 밀해주고 차체와 프레임을 얻어서는 야외용 이동작업실로 변신시켰다. 트레일러의 크기는 7.5피트 x 13.5피트. 겉에서 보면 말 싣는 차처럼 보이도록 디자인했다. 이러면 아무도 귀찮게 하지 않을것이다. 모든 목공작업은 가문비나무와 삼나무로 수공구만 가지고 그렉이 다 했다. 쇳물을 부어 만든 장작때는 난로도 하나 있고, 그밖에도 그가 여기저기서 주워모은 근사한 골동품들로 가득하다. 그는 이걸 몰고 알래스카, 유콘, 브리티시 콜롬비아를 거쳐 캘리포니아 까지 내려갔다가 대륙을 횡단해 보스톤으로 왔다.

당나귀여관에는 카지노와 캠핑카 공원이 있고 '생음악'과 '이동네 최고의 음식'도 있다. 하지만 길 건너 사막여관은 이름 그대로 버려지고, 페인트가 벗겨지고, 햇볕에 빛이 바랬다. 놋쇠로 된 테이블 램프만 입구 창문에서 아직도 쓸쓸히 반짝인다. 아무도 없다.

이 자그마한 에어스트림 트레일러 '밤비' 안에서 누가 살았나보다. 작지만 컬러 TV와 세탁기에 건조기까지 없는게 없이 갖춰져 있다.

커다란 온도계에 십자가가 가렸다.

네바다주의 베이티

매음굴과 싸구려 카지노들, 그리고 여기 이 성공회 교회가 있는 불경스런 마을. 우리 체로키 지프의 하이빔 헤드라이트를 켜놓고 그렸다.

휠체어 여행

이라는건 생각만해도 걱정스러워서, 나는 여기에 관한 웹사이트나 책들 (『휠체어 위의 방랑자』라는 책이 제일 마음에 들었다)을 모조리 뒤져봤다. 그리고나서 실제로 해보니, 비행기에 제일 먼저 탈수있으며 (내릴때는 제일 나중에 내리지만) 보통 따로 칸막이된 자리에서 최상의 대우를 받는다는것을 알게 되었다. 장애인 사용가능 이라는 말의 정의는 가는 곳마다 다 다르다. 배려가 지나치다 못해 거의 병원 입원실 수준으로 되어 있는곳도 있고, 아주아주 크고 효과로운 곳도 있다. 잘 도와주는 사람들을 만날 때도 있고, 어깨만 으쓱하고 마는 사람들을 만날때도 있다. 우리는 어딜가든 그곳에 맞춰 잘지냈고, 모든것을 일종의 '탐험'으로 여겼다. 사실 여행이란 바로 그런것 아닌가. 안그래요?

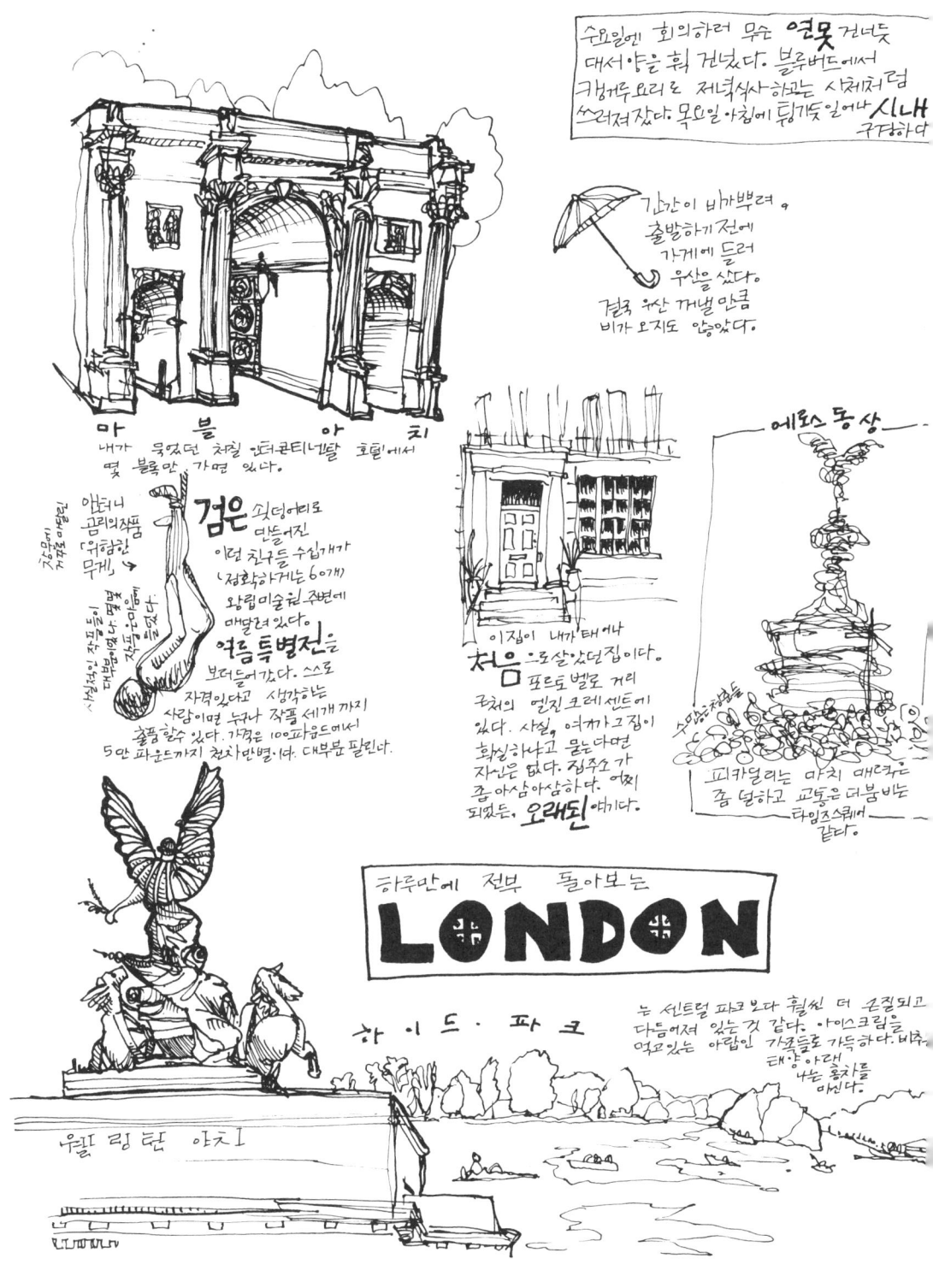

웨일즈에 왔어요

봄
그림. 제1호.

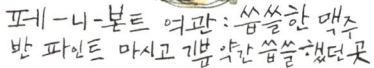

페니-보트 여관 : 씁쓸한 맥주
반 파인트 마시고 기분 약간 씁쓸했던 곳.

봄
그림. 제3호

언제나 그려보고 싶던 바로 그런 그림이다. 이제 그렸다.

코이-딤-스터 호텔 : 글래모건 계곡에 있는 동안 우리집 같았던 곳.
Coed-y-mwstwr

웨일즈말은 마치 알파벳 단어 만들기 게임을
지독히도 못하는 사람이 모음조각이 모자라
서둘게 만들어낸 말 같다.

좋은 일이지만 또한 슬프기도하다. 석탄탄광에서
일하던 광부들이 이제는 첨단공장에서
일하거나 아니면 선술집에서 죽치고
앉는것 말이다. 표리 다 농장
에서 그림 그리면서
그런 사람들을
많이 만났다.
과거는 영광스러웠지만
그들의 앞날이 어떠
할지는 모르겠다.
하지만 아마도 이건
아주 미국적인 사고방식일 뿐이겠지.

마차두는집

이 낡은 버틀러 레버는 몇 번을 내려도 여전히 큰 힘 없이도 쓸 수 있었기에 거의 잊고 있었겠니. 언제 돌려서도 쓰지 내게 레버라마 영감 타자기가 빛나고 있다.

내가 뭘 보고 있었는지
알겠죠. 보이나요?

고속도로를 어떻게 타는지 모르겠어서,
우리는 몬테 카티니 (온천하려면 여기),
페시아 (꽃하면 여기), 산 제나로 (변기
과서 골머 앓아 농구하기 하려면 여기),
그리고 콜로디 (피노키오를 쓴 작가의
어머니가 태어난 곳)로 시골길을
따라서 갔다. **루카** 여행은
참 가볼만 했다.
사랑스러운 마을이다. (비록 길을
잃고 헤매긴 했지만.) J 와 나는
마을을 둘러싼 큰 성벽을 따라
걸어 했다. 꼬불꼬불한 길거리와
바스라지는 성벽들을 그리고
있자면 여기에 마냥 머물러도
좋을 것 같다. 고속도로를 타고
돌아오는 길은 즐거웠지만, 피렌체
에서 로마로 가는 고속도로와
헷갈리는 바람에 6시가 넘어서야
숙소에 도착했다. 저녁
준비해서 시트로넬라 우거진
안뜰에 나가 식사하다.

이탈리아에
왔어요
네덜란드하고는
정말이지 다르답니다.

우리의
믿음직한
가이드북은 점점
귀퉁이가 헤어지고
땀이 절고
있음.

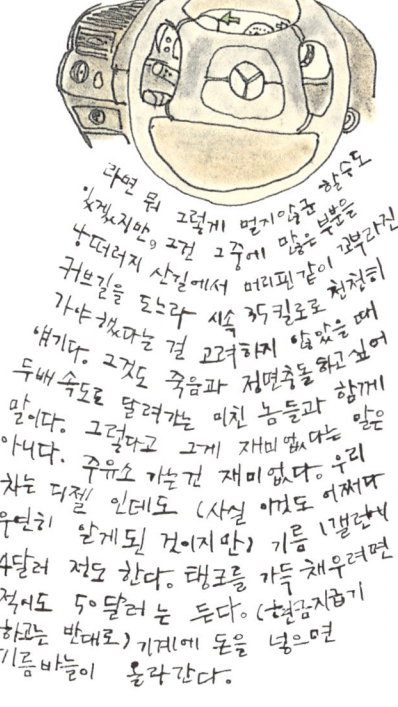

1274 km.

라면 뭐 그렇게 멀지 않군 할 수도 있겠지만, 그건 그 중에 많은 부분을 꼬부라진 낭떠러지 산길에서 머리핀 같은 헤어핀 커브길을 도느라 시속 35킬로로 가야 갔었다는 걸 고려하지 않았을 때 얘기다. 그것도 죽음과 정면충돌을 하고 싶어 두배 속도로 달려가는 미친 놈들과 함께 말이다. 그렇다고 그게 재미없다는 말은 아니다. 주유소 가는건 재미없다. 우리 차는 디젤! 인데도 (사실 아까도 어쩌다 우연히 알게된 것이지만) 기름 1갤런당 4달러 정도 한다. 탱크를 가득 채우려면 적어도 50달러는 든다. (현금지급기 하고는 반대로.) 기계에 돈을 넣으면 기름 바늘이 올라간다.

PIAZZA DE SANTA CROCE and FRIES.

느림보 달팽이 빨리 그리기

쟤이 앞뜰에서 이놈들 소굴을 발견 하고는 작년에 학교에서 했던 것처럼 밤새 관찰하라고 잔뜩 잡아놨다. 애들은 이탈리아말밖에는 못하지만 아주 천천히 말하기 때문에 대부분 알아 들을 수 있었다. 우리는 절대로 프랑스 사람이 아니라고 안심시켜 주었다.

주세페 베르디
이탈리아에 와서 오페라 한번 안보다니 좀 실망했다는 표정이다.

닭그리기

그려도 좋습니다, 튀겨도 좋습니다.

이렇게 엄은 멍청한 놈들하고 이렇게 오랜 시간을 보내기도 처음이다.

얼굴 생김은 다들 제법 다르지만 성질은 똑같다.

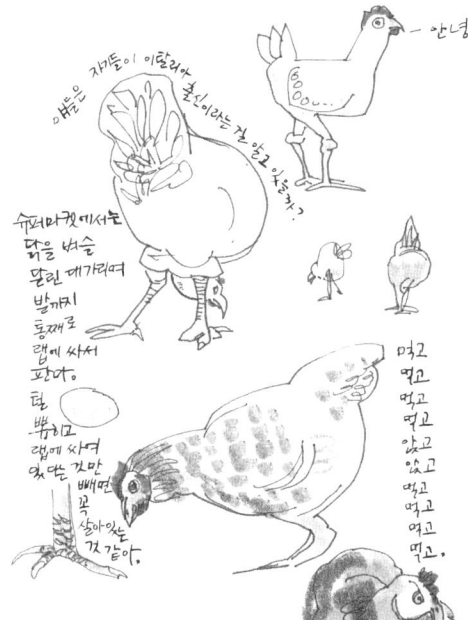

애들은 자들이 이탈리아 호치키스는 걸 알고 있을까?

슈퍼마켓에서는 닭을 벗을 몰린 대가리여 발까지 통째로 랩에 싸서 판다. 털 뽑히고 랩에 싸여 옛 된 것만 빼면 꼭 살아있는 것 같아.

— 안녕

먹고 먹고 먹고 않고 먹고 먹고 먹고.

필 수 품 들
ESSeNTIaLS

하루에 적어도
한병은 마신다.
가끔 수돗물
마실때도
있지만.

세탁해
주는 아줌마를
찾았었는데,
결혼해서
같이 살고
있음을
깨달았다.
잘 보이는
곳에
놔둬야지.

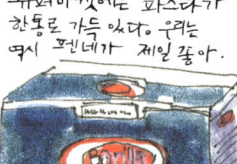

슈퍼마켓에는 파스타가
한통로 가득있다. 우리는
역시 펜네가 제일좋아.

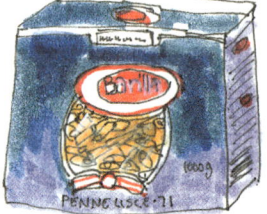

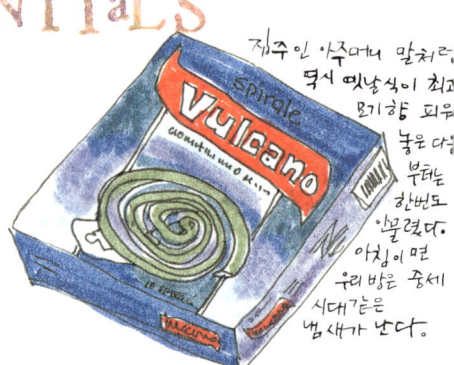

집주인 아주머니 말처럼
역시 옛날식이 최고.
모기향 피우
놓은 다음
부터는
한번도
안물렸다.
아침이면
우리 방로 중세
시대같은
냄새가 난다.

우리는 코코럼을 사서 데(?)
우유랑 설탕넣어 마신다

하루세번
서너방

a picture of
a pitcher of
peanuts
피너츠 담은 피쳐 담은 그림

패티가 성 빈센트 병원에 있는동안,
나는 7번가와 그리니치 거리가 만나는 그 지독하게
뒤죽박죽인 사거리를 신호등이고 차들이고 완전히
무시한채 앞만 보고 건너다니곤 했다. 나는 마치
"이제 감옥에서 나가도 좋소." 하는 허가증이라도
받을 사람처럼, 이제 나에게 더는 무슨 일이
있으랴 싶었다. 나는 충분히 겪었으니까. 차에
치일뻔한 위기를 아슬아슬하게 넘길 때면
어쩌면 그럴지 않을지도 모른다는 생각이
들기도 했지만, 뭐 그럴대도 상관
없었다. 어디 해보라지, 박살 내
보라지. 그러나 사랑하는 패티와
집에 있을 아이 생각에, 움찔하며
현실로 되돌아와
책임감있게
행동하곤 했다.

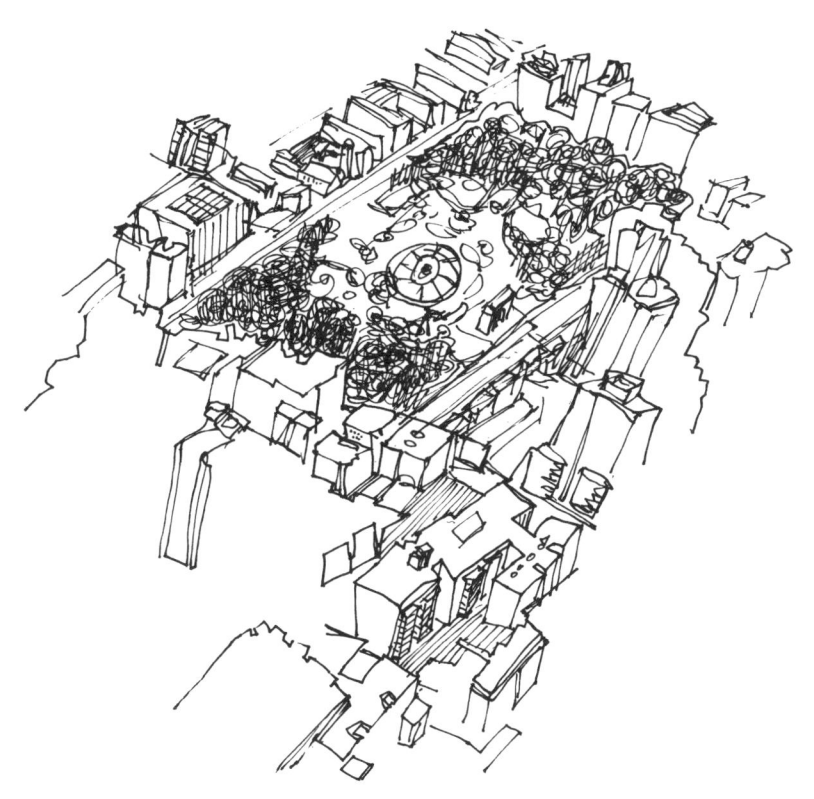

물론, 내게 나쁜 일이 더 이상 생기지 않았느냐 하면 전혀
그렇지 않다. 그 후에도 여러가지 괴로운 일들이 우리 가족과
나에게 닥쳐닥쳤으며, 어느 것 하나 이겨내기 쉽지
않았다. 이제 더 이상의 고통없이 순탄하게 살아도 된다는
인과응보의 섭리같은 것은, 미안하지만 없었다.

나에게 가장 고통스러운 것은 내 자신의 마음이 만들어 내는 헛된 생각들이다. 몽테뉴가 말한 것처럼, "나의 삶은 지독한 불행으로 가득한데, 그 대부분은 일어나지도 않은 일들이다." 중요한 것은 앞날을 예측하며 상념에 잠기는 것이 아니다. 이론을 세워 미래를 내다보는 것도 아니다. 이러면 어떡하지, 저러면 어떡하지 하고 궁리하는 것도 아니다. 중요한 것은 오늘이다. 내 삶의 충만함을 있는 그대로 360도 모든 방향에서 바라보는 것 말이다. 병원 대기실에도 아름다움이 있음을 나는 보았다. 장례 치르는 집에도 묘지에도 아름다움이 있음을 나는 보았다.

생각지도 못했던 수많은 일들이 내게 일어났다. 하지만 내가 두려워하던 그 흔한 일들이 생각했던 것과는 많이 다르다는 것을 알게 되었다. 삶은 당신이 허락하지 않는 것을 당신에게 하지 못한다.

복권에 당첨된 사람들과 척추를 다쳐 불구가 된 사람들을 놓고 그들이 행복하다고 느끼는 정도를 알아 본 연구가 있다. 처음에는 두 그룹간에 엄청난 격차가 있었다. 예상할수 있듯이, 백만장자가 된 사람들은 미칠듯 기뻐했고 장애인이 된 사람들은 절망했다.

그러나 1년 후의 조사에서는 두 그룹간에 통계적으로 의미 있는 차이가 없었다. 불행한 백만장자와 행복한 불구자도 있는 것이고, 행복한 백만장자와 불행한 불구자도 또 그만큼 있는 것이다.

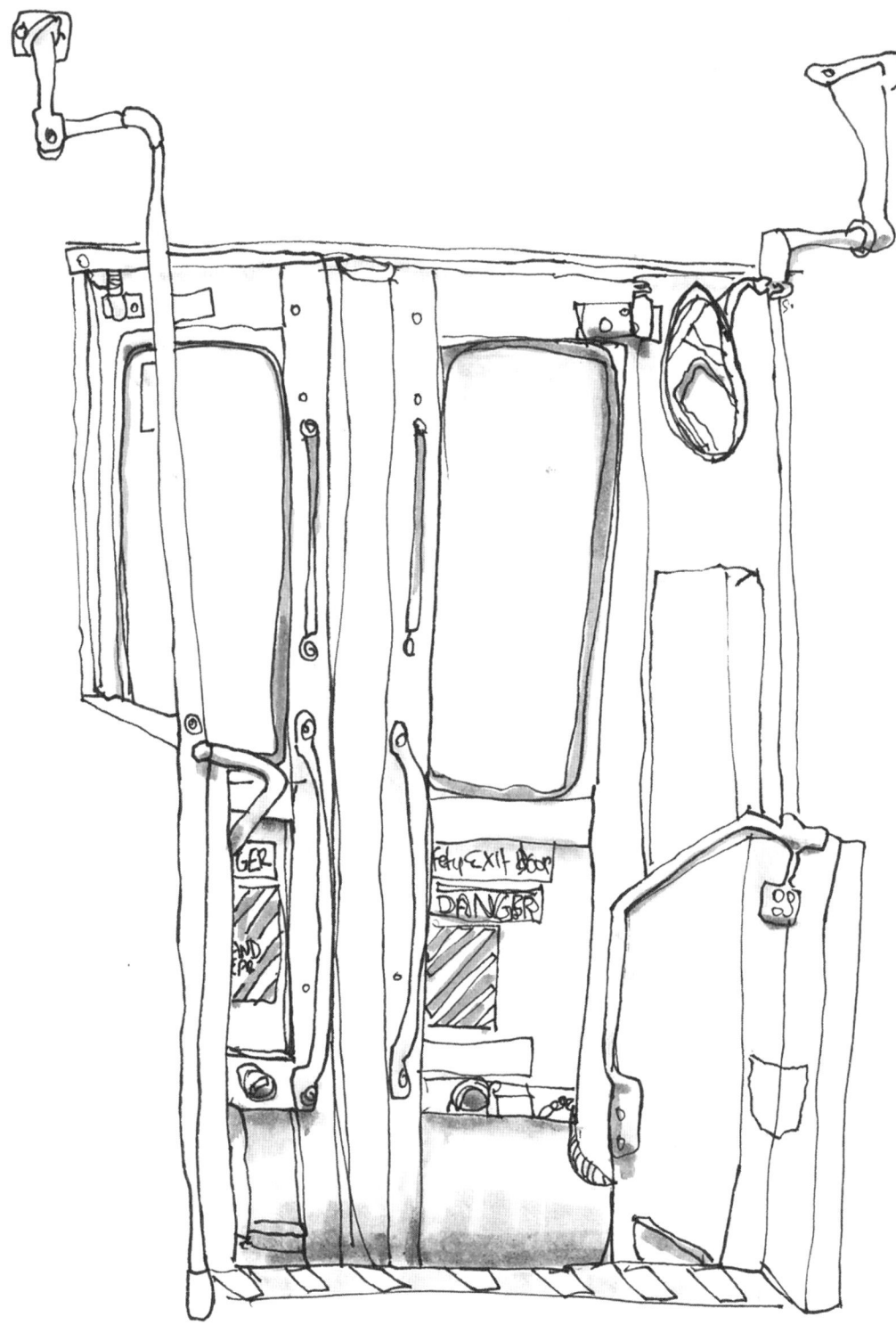

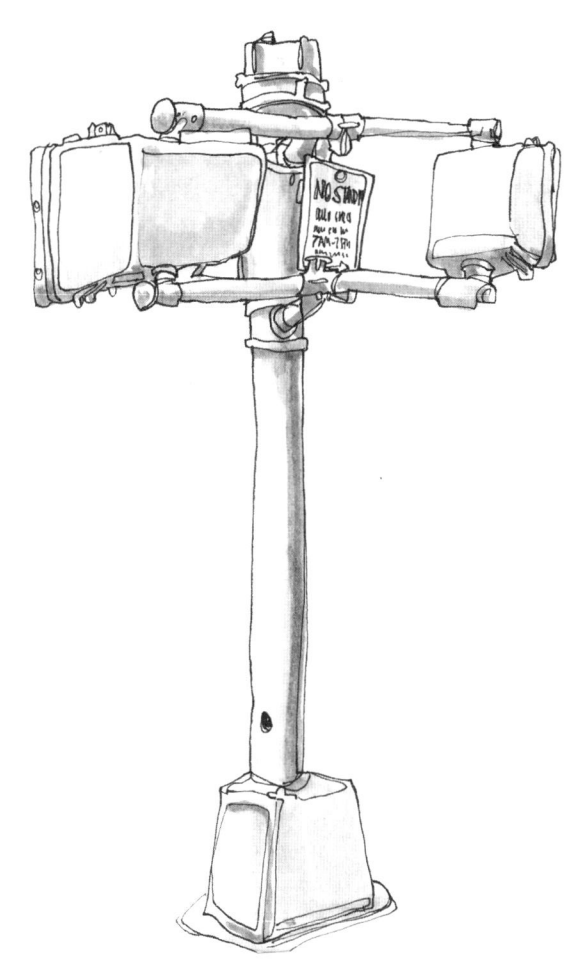

매일 그림을 그리는 것은 아니다. 멈추어 서서 무언가를 바라보고 그리는 일이 몇달 동안 한번도 없이 지나가기도 한다. 그저 너무 바쁘고 정신이 없어서.

　　　다시 펜을 잡을 때면, 처음 그리는 그림들은 엉망이다. 답답하고, 자신없고, 마치 눈 감고 그린 그림 같다.

　　　하지만 며칠 꾸준히 연습하고 나면, 예전에 있던 그 자리로 되돌아가 거기서부터 다시 나아가게 된다. 진정한 눈으로 다시 바라볼 때마다 그만큼 더 보게 된다.

나는 이 개를 정말 사랑한다.
패티와 나는 만난지 몇달 후에 이 개를
얻어냈다. 우리의 첫번째 아기다. 캐러멜색 발과
벨벳같은 털은 언제나 깨끗하고 단정하다.
너무나 충성스럽고 듬직하게 집을 지켜주며,
훌륭한 모델이기도 하다. 유일한 단점은 쓰레기통을 뒤져
담요들 못살게 군다는 것 정도. 너는 정말
좋은 개야, 프랜시스 앨버트 호그맨.

아름다운 패티

우리는 삶이 우리를 어떻게 대해줄지를 정할수
없으며 단지 우리가 그것을 어떻게 대할지만
결정할수 있다. 만일 우리가 편집증 환자
처럼 나쁜일들에만 집중한다면
우리는 먹다 남긴 사과와
침대보에 비추는 햇살과
갓구운 쿠키 냄새같은
아름다움들을 놓치게 된다.
이것은 중요하고도 놓치기 쉬운 교훈이어서,
나는 몇번이고 되풀이해서
배우고 또 배워야 했다.
나는 지금도 슬퍼지고는 한다.
그러나 그림 그리기와 마찬가지로,
떨어진 말에 다시 오르면
그만큼 성장하기 마련이다.
그럴때마다 성숙해지지만,
그렇다고 해서 다음 주에 내가 다시 바보가 되지 않는다는
법은 없다.
삶은 변화하는 것이므로 우리는 언제나
주의깊게 깨어 있어야 한다. 다행한 일은
삶이라는 마차는 당신이 거기에서 떨어져도
다시 기어오를 때 까지 기다려 준다는
점이다. 펜과 종이는 언제나
내 곁에 있어준다.

지혜로운
패티

하지만 나에게 가장 중요하고
또한 다행인 것은 내곁에 믿을
수 없이 좋은 아내가 있다는 것이다.
그녀에게도 좋은 날들과 힘든 날들이
있었으며 우리의 관계 역시 세월속에서
틀어지기도 하고 꼬이기도 한다.
그러나 우리 사이가 꺾이거나
끊어져 버리는 일 같은 것은 결코 없다.
우리는 서로를 끈기있게 기다려 주었으며
진심으로 상대방의 행복을 바라고있다.
그 지하철 역에서 있었던 일은 그녀와 나 모두에게,
그리고 우리의 가족과 친구와 이웃과
우리를 아는 모두에게 일어난 일이다.
모두가 슬픔을 함께하여 힘겨움을
덜어주었다.
패티의 미소와 따뜻한 마음을
사랑하는 사람들에게 그녀는 마치 사람의 마음을
끄는 자석과도 같아서, 해가 가면서 점점
더 많은 사람들이 우리의 친구가 되어준 것도
우리에게 도움이 되었다. 자기 자신에 대한
자만심과 허영심을 떨쳐버리고 돕고자
하는 사람들의 마음을 받아들일때,
혼자서 감당해야 할 짐이란 없다.

섹시한 패티

글래머 패티

아기때 패티

처음에는, 길거리에서 그림을 그릴때 모르는 사람들이 내 그림을 구경하는 것이 신경쓰이고 불편했다.

상처 받은 중년의 그레고리

생크림같은 입술에 "담콧구멍" 그레고리

하지만 곧 내가 발견한 세상을 보고 싶어 하는 많은 사람들과 이야기를 나누며 친해지게 되었다.

누구, 저말합니까? 그레고리

내가 누군지 잘 모르겠어.

그들이 들려주는 이야기는 재미있었고 소감들은 새로웠다.

너무나도 많은 소중한 분들이 너무나도 많은 도움을 주시지 않았다면 이책은 쓰여질 수 없었을 것입니다. d.프라이스,

마운트 사이나이 병원의 아담 스타인 박사, 성 빈센트 병원과 비글로우 약국의 페르난도, 도트, 그리고 마리 바인웝, 뎁, 마이크, 그리고 모건 그린, 헤이즐 카한, 미란다 스타이거-머피, 브라이언 머피, 그랜, 필리스, 미키+밥 칼라한, 글래디즈 가족, 딕 그리고 다이앤 듀프너, 아이보기 선수들 (산드라 로빈슨, 도나 비챠크-퍼디, 어니 리, 데이빗 스티븐스, 스티브 밀러, 엘리엇 소코로프, 그리고 그레이엄 벨만), 도릿과 지라드, 앤티아 심스, 돈 퀠만, 신디 로즈와 앨런 카뎃, 디디타 크리스 애트킨슨, 린 힐리, 제니퍼 쿽, 바비 로이드, 토드 릭비와 VSF, 신시아 차이, 수잔, 밥, 루루 그리고 도로시 도란-다이, 토드 올드햄, 토니 롱고리아, 줄리 살라몬, 제니퍼 톰슨, 뎁 우드, 얀 혹스, 폴 사르, 스테판 사크마이스터, 글로부스 형제, 헬레인 스피바크, 홀리 팩고 완, 마조 피니타 로라 케인, 존 호켄 베리, 이베트 코르테즈, 앤 쵸지, 필립 버트랜드, 트리시 매기보이, 마시 블룸, 딘 홀디언, 미첼 브로더, 클레어 트레노어, 잭 오튼, 마리아 챈도-발렌티노, 매디슨 스퀘어 가든의 데이브, 에이미 퍼슬만과 프랭크 스나이더, 브렌트 와인가르트, 피터라만, 음식으로 사랑을 나누세요 봉사단의 강가 스톡 이터 여러 친구들, 666과 552번지 동네 사람들, 셸리 도노우, 조 팔라디노, 에프란 곤잘레스, 데이빗 젼킨스, 빌 해밀턴, 앨버트+엘리자베스 닷슨, 셀리 라자루스, 마일린 폴록, 텍사스 이스트+토드 지안논, 벤 다트+트레이시 쏘온, 칩 트릭, R.크럼, 한나 힌치만, 베리 에드워즈, 프레드릭 프랭크, 로널드 서얼.

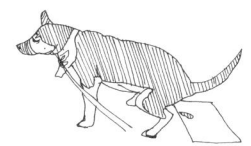

그리고 패티를 포함한 뉴욕거리의 장애인들에게 친절하고 우조건적인 도움을 베풀어준 이름 모를 모든 사람들.

그리고, 물론, 우리 개 프랭크 (매일매일 네가 그리워)

옮기고 나서

　　세미콜론과 이야기를 나누고 얼마 후 내 책상에 도착한 작은 책을 펼쳐보니 꼬불꼬불한 그림과 밝은 색채들이 눈에 들어왔고 손으로 긁어 쓴 글씨들로 메워진 페이지들이 보였다. 그 당시 나는 이러저러한 일들로 바빠서 그랬었는지 이렇다 할 감흥이 없었다. 그러나 다시 책을 집어들게 된 후 이내 책은 입을 열기 시작하여 꽤 오랫동안 나는 이 책과 함께 지내고 같이 살아왔던 것 같다. 아이가 미지근하고 땀이 날 정도로 오래 쥐고 있은 동전처럼 이 책은 가만히 내 삶에 들어와 한동안을 같이 했다. 책은 은근하게 와서 손끝을 대더니 자주 말을 걸어오고 같이 길을 걷고 밤이면 잠과도 엉겼다.

　　옮김을 마치는 지금 이 낯익은 페이지들에 애정을 느낀다. 그러고리라는 알지 못하는 사람이 원하든 원하지 않든 겪고 또 깨달아야 했던 많은 것들에 나는 공감했다. 당사자의 소망은 별로 거들떠보지 않고 거침없이 다가오는 삶 앞에서 할 수 있었던 일이 고작 눈을 뜨고 겸허히 바라볼 뿐이었던 꼬레끼가 가여웠고, 그러면서도 밝은 곳을 가리키고 있는 그의 깨달음들이 눈물겨우나 진실임을 같이 느끼지 않을 수 없었다.

　　옮김에 있어 내가 가질 수 있었던 공감을 바탕으로 그의 글이 갖는 느낌을 최대한 그대로 되살려 보려고 노력하였다. 나에게 이 책을 옮길 기회를 준 세미콜론에게 감사드린다. 김형진 씨는 정성스러운 글씨로 책에 모습을 부여해 주었다. 꼼꼼히 교정봐 주고 표현 하나하나를 놓고 많은 이야기를 나누며 처음부터 끝까지 함께 노력한 박활성 편집팀장에게 특별한 감사를 드린다.

　　　　　　　　　　　　　　　　　　　서동수 씀　2005.12

지은이 **대니 그레고리** Danny Gregory

영국에서 태어났다. 열두 살에 뉴욕으로 이사할 때까지 피츠버그, 캔버라, 오스트레일리아, 파키스탄, 이스라엘 등을 오가며 자라났다. 프린스턴 대학에서 정치학을 공부했으며, 그 후 무얼 해서 먹고 살지 고민하며 20여 년간 광고업계에서 일했다. 1995년 아내 패티가 지하철 사고로 하반신 불구가 된 후 그림을 그리기 시작했다.

옮긴이 **서동수**

서울대 공과대학 산업공학과와 동 대학원을 졸업했다. 뉴욕대 티쉬 예술대학 대학원에서 뉴미디어를 공부하고 졸업 후 연구원으로 일했다. 2005년 현재 홍익대 조형대학에서 디지털미디어디자인 전공교수로 재직 중이다.

1판 1쇄 펴냄 2005년 12월 16일
1판 10쇄 펴냄 2023년 11월 15일

지은이 대니 그레고리
옮긴이 서동수
손글씨 김형진
펴낸이 박상준
펴낸곳 세미콜론

출판등록 1997. 3. 24 (제16-1444호)
06027 서울특별시 강남구 도산대로1길 62
대표전화 515-2000 팩시밀리 515-2007
편집부 517-4263 팩시밀리 514-2329
www.semicolon.co.kr

한국어판 ⓒ (주)사이언스북스, 2005. Printed in Seoul, Korea

ISBN 978-89-8371-317-9 03840

세미콜론은 이미지 시대를 열어 가는 (주)사이언스북스의 브랜드입니다.
www.semicolon.co.kr